Dr. Dennis C. Turner

Das sind Katzen

Informationen für eine
verständnisvolle Partnerschaft

mit Zeichnungen von

Albert Müller Verlag
Rüschlikon-Zürich · Stuttgart · Wien

*Den «Jellicle-Katzen» dieser Welt
und ihren Besitzern
gewidmet*

Inhaltsverzeichnis

Vorwort

Dies ist mein erstes, für ein breiteres Publikum geschriebenes «Fachbuch» über das Verhalten der Katze. Bei meinen Gastvorträgen überall in Europa wurde ich so oft gefragt, wann ich endlich ein «populäres», leicht verständliches Buch über dieses Thema schreiben würde, das trotzdem auf den neuesten wissenschaftlichen Erkenntnissen aufbaut, daß ich schließlich dem Drängen einfach nachgeben mußte, und ich hoffe, Sie sind mit dem nun vorliegenden Werk zufrieden.

Eine Reihe von Personen und Institutionen verdienen in diesem Zusammenhang meinen aufrichtigen Dank: An erster Stelle steht hier meine Familie, die an vielen Abenden und Wochenenden auf meine Gesellschaft verzichten mußte, solange ich an dem Buch arbeitete. Danach möchte ich meinem Künstler-Freund Fulvio Federi aus Horgen für seine einfallsreichen Karikaturen danken, die den Text illustrieren und auflockern. Seine Zeichnungen sind immer ein Erfolg, ganz gleich für welchen Anlaß sie geschaffen werden.

Im weiteren möchte ich den bisherigen (und auch derzeitigen) Unterstützern meiner Forschungen über das Verhalten der Katze danken, ohne sie jedoch in einen zwingenden Zusammenhang mit dem nun vorliegenden Text oder meinen begründeten Ansichten zu bringen. Zu nennen sind hier die Abteilung Ethologie und Wildforschung (Leitung Prof. Dr. Hans Kummer) am zoologischen Institut der Universität Zürich-Irchel (Direktor Prof. Dr. Rüdiger Wehner) und der Kanton Zürich für die materielle wie auch finanzielle Unterstützung (Infrastruktur); ferner danke ich dem Schweizerischen Nationalfonds zur Förderung der wissenschaftlichen Forschung (Gesuche Nr. 3.338.82 und 3.247.85), der Effems Beratung für Kleintierhaltung in Zürich und dem «Waltham Centre for Pet Nutrition» in England für ihre großzügige Unterstützung meiner Forschungsarbeit.

An dieser Stelle spreche ich auch meiner langjährigen wissenschaftlichen Mitarbeiterin Claudia Mertens und allen meinen bis-

9

herigen «Katzen-Assistenten» und Studenten (Karin Stamm-bach-Geering, Jacqueline Stalder, Fritz Widmer, Susanne Gfeller, Annelies Hediger, Sandro Bösch, Ueli Matter, Heidi Rodel, Othmar Meister und Monika Meier) meinen herzlichen Dank für ihr Teamwork aus; ich trage die volle Verantwortung dafür, wenn ich ihre Arbeiten und Forschungsergebnisse nicht in genau dem gleichen Sinne interpretiere wie sie selbst. Unsere eidgenössisch-diplomierten Tierpfleger und Pflegerinnen, Ursula Kuster, Bernhard Hämmerli, Brigitte Saggioro und Helen Ciollaro, haben stets für das körperliche und seelische Wohlbefinden unserer Koloniekatzen an der Universität gesorgt. Tiermedizinisch wurden unsere Katzen jahrelang von Dr. med. vet. Renate Schröter bestens betreut; seit einiger Zeit können wir auch auf die volle Unterstützung der Ärzte des Tierspitals der Universität Zürich zählen. Ihnen allen meinen herzlichen Dank!

Ebenfalls danke ich dem Ägyptischen Museum in Kairo und seinem Direktor Mohamed Mohsen für die Erlaubnis, selber einige Aufnahmen verschiedener Katzenartefakte zu machen; ferner Schwester Pauline (Kathy) Quinn und Glenys D'Onofrio für ihre Hilfe beim Fotografieren der Katzen in Rom.

Drs. med. vet. Susanna Arnold, Madeleine Hubler und Urs Jenny halfen mir freundlicherweise bei Aufnahmen im Tierspital und in der Tierarztpraxis. Sie tragen jedoch keinerlei Verantwortung im Zusammenhang mit meinen persönlichen tiermedizinischen Ratschlägen.

Last but not least danke ich dem Albert Müller Verlag in Rüschlikon und insbesondere dem Lektor Norbert Wengerek für die sehr angenehme Zusammenarbeit.

Dennis C. Turner, Hirzel und Zürich, Dezember 1988

Einleitung

1. Ziele und Überblick

Ich bin Katzen-*Freund*, und ich bin Katzen-*Forscher*.
Viele Zeitgenossen meinen, diese beiden Aspekte seien miteinander unvereinbar. Ich behaupte jedoch, daß sie sich ausgezeichnet ergänzen. Entscheiden Sie selbst, aber bitte erst, *nachdem* Sie dieses Buch zu Ende gelesen haben!

Heute zirkulieren sehr viele, oft unbegründete Vorurteile über Katzen, Katzenfreunde und Katzenforscher. Zum Beispiel, daß alle Katzen Einzelgänger seien. Oder daß Personen, die gerne Tiere um sich haben, ein gestörtes Verhältnis zu ihren Mitmenschen hätten. Oder daß die Verhaltensforschung über eine so bekannte Tierart wie die Katze nichts Neues zutage fördern könne. Oder noch schlimmer, daß die erforschten Tiere gequält oder nicht artgemäß gehalten würden.

Damit will ich nicht sagen, daß *alle* Katzen gleich «sozial» sind, daß es *keine* gestörten Verhältnisse zwischen Tieren (oder Menschen!) gibt, daß *nur* der Verhaltensforscher etwas Neues über Katzen entdecken kann oder alles schon weiß, oder daß *alle* Katzen in Forschungskolonien gleich gut gehalten werden. Pauschalurteile sind immer gefährlich – unabhängig davon, wer sie fällt, der Laie oder der Wissenschaftler. Dennoch sind die Verhaltensforscher, die sehr viele Einzeltiere sowohl unter standardisierten (Kolonie-) Bedingungen als auch unter «normalen» Lebensumständen (in Privathaushalten oder im Freien) intensiv beobachten, gegenüber den meisten Laien, die weniger Katzen und deren Beziehungen zur ihrer jeweiligen Umwelt kennen, im Vorteil. Dies wird besonders wichtig, wenn man an die wohl bekanntesten und – meistens – sehr geschätzten Eigenschaften dieser Begleiter des Menschen denkt – ihre Individualität, ihre Eigenwilligkeit, ihre unverwechselbare Persönlichkeit.

Aber was nützen die Erkenntnisse der Wissenschaft, wenn sie lediglich in Fachzeitschriften und -büchern veröffentlicht werden, die dem Laien unzugänglich oder für ihn zu kompliziert geschrieben sind? Nicht viel! Natürlich müssen die Befunde zuerst den Fachkollegen zur Begutachtung und (falls sie den heutigen wissenschaftlichen Anforderungen entsprechen) zur Verarbeitung zur Verfügung gestellt werden. Diese Vorgehensweise trägt dazu bei, Doppelspurigkeit zu vermeiden, und erlaubt – durch die Integration der einzelnen Forschungsresultate – eine aufbauende, kontinuierliche Wissensvermehrung. Bei dem an den modernen Hochschulen stets zunehmenden Druck, immer noch mehr wissenschaftliche Aufsätze und Berichte zu produzieren (das «publish or perish»-Syndrom*), ist es allerdings nicht verwunderlich, daß nur relativ wenige Kollegen ihre Ergebnisse der breiten Öffentlichkeit vorzustellen versuchen.

Auch ich habe Artikel in Fachzeitschriften veröffentlicht und Fachbücher geschrieben oder herausgegeben. Aber bei den Katzen liegt die Sache doch etwas anders: Erstens erforsche ich das Verhalten der Heimtierart, die auf der Skala der Beliebtheit heute noch an zweiter Stelle rangiert, aber wahrscheinlich bald weltweit die populärste sein wird. Und das hat zur Folge, daß nicht nur großes Interesse für diese Tiere und ihr Leben besteht, sondern leider auch, daß diese Geschöpfe vielfach mißverstanden und auch mißhandelt werden. Gerade weil das Interesse bei vielen Menschen so stark ist, haben die Verfasser populär geschriebener Bücher mitunter beträchtliche Erfolge erzielt, ohne bei dem, was sie geschrieben haben, immer die neuesten Forschungsergebnisse zu berücksichtigen. Und einige dieser Autoren propagieren längst widerlegte Mythen über das Verhalten der Katzen so ungeniert, als ob sie die neuere Fachliteratur überhaupt nicht zur Kenntnis genommen hätten!

Zweitens ist – und war – die Fachliteratur stets vorhanden, wenn vielleicht auch oft in den diversen wissenschaftlichen Zeitschriften versteckt. Diese Situation änderte sich im Jahr 1988 mit der Veröffentlichung des Buches *Die domestizierte Katze: Eine wissenschaftliche Betrachtung ihres Verhaltens* (ebenfalls im Albert Müller Verlag erschienen).

In diesem Buch haben über zwanzig Wissenschaftler aus aller Welt die Ergebnisse ihrer eigenen neuesten Forschungen mit allen bisherigen Befunden über das natürliche Verhalten von Haus-, Hof-, und verwilderten Katzen kombiniert und in logisch geordneten Kapiteln zusammengefaßt. Mein Mitherausgeber

---

* Etwa: «Veröffentliche, oder gehe unter!»

Patrick Bateson und ich haben uns bemüht, den Text dieses Nachschlagewerks auch für Laien verständlich zu halten; dennoch mußten die Autoren den wissenschaftlichen Nachweis für ihre Schlußfolgerungen in Form von Tabellen, graphischen Darstellungen und gelegentlichen Hinweisen auf statistische Untersuchungen erbringen. Dieser «wissenschaftliche Apparat» könnte möglicherweise einige sonst interessierte Leser abschrecken; doch vieles von dem, was ich hier in populärer Form schildere, d.h. kurz und ohne allzu viele trockene Daten präsentiere, stützt sich auf das erwähnte Fachbuch. Falls Sie Näheres zu einem bestimmten Thema erfahren oder die mitunter recht informativen Daten der einzelnen Studien sehen möchten, sollten Sie zu diesem Fachbuch greifen. Die entsprechenden Kapitel werden zusammen mit anderen wichtigen Werken im vorliegenden Buch unter dem Stichwort «Empfohlene Literatur» aufgelistet. Dafür verzichte ich auf formelle Literaturangaben im Text (was meine wissenschaftlichen Kollegen mir hoffentlich verzeihen werden) und erwähne lediglich den Namen des Autors oder der Autorin. (Eine vollständige Bibliographie mit über 450 Titeln findet sich im erwähnten Fachbuch.)

Aussagen, die durch keinerlei exakte Untersuchungen belegt sind, werden in diesem Buch ausdrücklich als Spekulationen oder Vermutungen gekennzeichnet; alle anderen Angaben sind wissenschaftlich erhärtete Tatsachen oder stellen zumindest begründete Annahmen dar.

> *Ich werde Ihnen – als einem Katzenbesitzer oder einer Katzenbesitzerin – gelegentlich praktische Tips geben. Diese Tips sind wie hier vom Haupttext abgehoben, damit Sie sie schnell finden können.*

Ich habe dieses Buch in 23 unterschiedlich lange Kapitel aufgeteilt. Im folgenden (Kapitel 2) möchte ich Ihnen einen Eindruck davon vermitteln, wie wir Forscher das Verhalten unserer Katzen studieren. Natürlich gehe ich dabei in erster Linie von meinen eigenen Erfahrungen aus, die ich mit den Tieren in ihrer gewohnten Umgebung bzw. in der Katzenkolonie einer Universität gemacht habe; trotzdem halte ich es für wichtig, daß Sie einleitend einige der Probleme, mit denen wir uns konfrontiert sehen, und Methoden, die wir anwenden, kennenlernen.

Danach betrachten wir die Domestikation der Hauskatze (Kapitel 3) und die wesentlichen Abschnitte ihrer Geschichte bis zur Situation in der gegenwärtigen Gesellschaft (Kapitel 4). Als Grundlage für ein besseres Verständnis der heutigen Katzen dient ebenfalls die Betrachtung dieser Tiere unter zoologischem Aspekt; einzelne Kapitel behandeln Körperentwicklung und Körperbau (Kapitel 5), einige genetische Merkmale (Kapitel 6) und die außerordentlichen Leistungen ihrer Sinne (Kapitel 7). Doch keine Angst! Ich gebe Ihnen keine Kurse in Anatomie, Genetik oder Neurophysiologie; vielmehr versuche ich, Ihnen interessante Fakten zu vermitteln, die dabei helfen, das Wesen und Verhalten unserer vierbeinigen Freunde besser zu begreifen.

Und um das Verhalten der domestizierten Katze geht es anschließend bei der ethologischen (Ethologie = vergleichende Verhaltensforschung) Betrachtung der Fortpflanzung und der Zeit bis zur Geburt (Kapitel 8), bei der Schilderung der Entwicklung des Jungtierverhaltens (Kapitel 9) und der Eingliederung der heranwachsenden Katzen in die «Katzen-Gesellschaft» (Kapitel 10); es wird hier sowohl die soziale wie auch die räumliche Integration von freilebenden Katzen und von Katzen mit Auslauf betrachtet.

Die wichtigsten Aspekte der Ökologie dieser Tiere sind ihr Jagdverhalten (Kapitel 11) und ihre Beziehungen zu anderen Tierarten, auch den Beutetieren (Kapitel 12). Der Einfluß der heutigen Katzenbestände auf die Beutetierarten (vor allem auf Schädlinge in der Landwirtschaft und Vogelbestände) ist ein brisantes Thema, das sachlich behandelt werden muß und hier auch entsprechend behandelt wird.

Die raubtierartigen Charakterzüge der felinen Hausgenossen veranlassen uns dann, der Frage nachzugehen, wie «natürlich» diese Tiere nach 4500 Jahren des Zusammenlebens mit dem Menschen eigentlich noch sind. Als Abschluß des ersten, mehr zoologischen Teils dieses Buches und als Übergang zu den Themen, die eher das heutige Zusammenleben von Katzen und Menschen betreffen, versuche ich, eine Antwort auf diese Frage zu finden (Kapitel 13).

Eine soziale Beziehung kann natürlich nur aufgebaut werden, wenn zwei Partner daran beteiligt sind. Im Gegensatz zu vielen der bisherigen wissenschaftlichen Studien, in denen das Hauptgewicht auf die Beziehung des Menschen zu seiner Katze gelegt wird, beginne ich (in Kapitel 14) mit einer ethologischen Betrachtung der Beziehung der Katze zum Menschen. Selbstverständlich kommt der Mensch dabei nicht zu kurz! Sowohl die Ethologie als auch die Psychologie der menschlichen Beziehung zur Katze werden im darauf folgenden Kapitel 15 diskutiert.

Die letzen Abschnitte und Kapitel orientieren sich sehr an der Praxis und richten sich vor allem an Sie, ob Sie nun ein schon erfahrener oder erst ein zukünftiger Katzenhalter sind. Viele Themen, die mir «am Herzen liegen», werden diskutiert: Die «richtigen» Auswahlkriterien für eine neue Katze (Kapitel 16), die Frage nach der «Wohnungs»- oder «Auslauf»-Katze (Kapitel 17), die artgerechte Fütterung der Katze (Kapitel 18) und die Wichtigkeit einer regelmäßigen Gesundheitskontrolle des Tieres durch einen Tierarzt (Kapitel 19). Sogenannte Verhaltensstörungen und deren Ursachen werden in den nächsten zwei Kapiteln behandelt. Hier habe ich lediglich die am häufigsten erwähnten Probleme herausgegriffen: Wir besprechen (in Kapitel 20) das Markierverhalten (durch Harn und Kot) sowie die Stuben-«Unreinheit» und diskutieren die Vor- und Nachteile der in den meisten Fällen empfohlenen Lösung für das Harnsprüh-Problem, die Kastration, aus verschiedenen Blickwinkeln. Ferner behandeln wir (in Kapitel 21) Aggressionen gegen Artgenossen wie auch gegen den Besitzer und das Problem der Destruktivität (zerkratzte Möbel, zerrissene Vorhänge usw.). Da man bei allen diesen Themen geteilter Meinung sein kann, führe ich jeweils die Pro- und Contra-Argumente auf und schließe jedes Thema mit meiner persönlichen, genau begründeten Meinung dazu ab.

Zuletzt möchte ich Ihnen zeigen, wie Sie selber mehr über Ihre eigene Katze erfahren und was Sie von ihr lernen können (Kapitel 22), und wie Ihre eigenen Beobachtungen den Wissenschaftlern helfen könnten (Kapitel 23).

Ich hoffe, daß Ihre Freude an diesen faszinierenden Tieren weiter gesteigert wird (wenn das überhaupt noch möglich ist!), und daß wir Wissenschaftler, dank einer engeren Zusammenarbeit mit denjenigen Besitzern, die ihre eigenen Tiere sorgfältig beobachten, noch einige der vielen Geheimnisse der Katzen enträtseln können. Ich wünsche Ihnen viel Spaß!

2. Die Erforschung des Katzenverhaltens

Weshalb «erforschen» statt einfach «genießen»?
Die Neugierde spielt bei meiner wissenschaftlichen Tätigkeit eine
große Rolle. Obwohl es bequemer wäre, mich einfach nur hinzu-
setzen und mich durch den spielerischen Übermut, die jägerischen
Leistungen und die zärtlichen Annäherungen meiner eigenen
Hauskatzen unterhalten zu lassen, möchte ich diese Verhaltens-
weisen besser verstehen. Ich möchte wissen, wie sich die Verhaltensmuster während des Heranwachsens entwickeln, welche inneren und äußeren Faktoren diese Entwicklung beeinflussen und in
welchem Maß sie dies tun. Ich möchte mehr darüber erfahren, wie
das Verhalten gesteuert wird – z.b. welche Umweltreize in bestimmten Situationen auslösend wirken. Im weiteren interessiert
mich die «Funktion» der Verhaltensmuster – wozu dienen sie der
Katze im täglichen Leben? Und letztlich versuche ich herauszufinden, wie sich die Verhaltensmuster während der langen Geschichte dieser Tierart entwickelten und welche Veränderungen statt-
fanden. Natürlich werden alle diese Fragen vor dem Hintergrund
verschiedener ethologischer Theorien gestellt und interpretiert,
doch sind diese Theorien an sich für Sie wahrscheinlich weniger
interessant.

Während der Aufzeichnung einer unterhaltenden Fernsehsen-
dung, in der es um Katzen ging, riet ein bekannter Psychologiepro-
fessor (redegewandt und wortreich) den Zuschauern, ihre Katzen
einfach zu genießen und sich durch ihr Verhalten bezaubern zu
lassen. Seinem Ratschlag folgten meine Ausführungen über die
wissenschaftliche Erforschung des Katzenverhaltens! Jeder Katzenbesitzer – auch ich – genießt die Zeit mit seinen samtpfotigen
Hausgenossen und ist von ihnen fasziniert. Ich bin jedoch der
Meinung, daß zum verantwortungsbewußten und verständnisvol-
len Heimtierbesitz auch ein Minimum an Kenntnissen über das
Verhalten und die artspezifischen Bedürfnisse des Tieres gehören.
Und diese Kenntnisse werden vorwiegend durch Forschungsarbeiten gewonnen, in denen viele Katzen beobachtet und verglichen werden. Bevor ich jedoch anhand von Beispielen aus eigenen
Forschungsprojekten illustriere, wie wir das Verhalten der Katze
untersuchen, möchte ich einige allgemeine Probleme zur Sprache
bringen, mit denen wir es immer wieder zu tun haben.

Probleme bei der Erforschung des Katzenverhaltens

Individualität und Verallgemeinerung

Jeder Katzenbesitzer ist ein Experte, wenn es um Katzen und das Katzenverhalten geht – so scheint es manchmal, wenn man so oft wie ich Gelegenheit hat, mit Besitzern zu diskutieren. Sicherlich gibt es sehr begabte Beobachter unter den Katzenbesitzern und -haltern, die ihre eigenen Katzen ausgezeichnet kennen. Aber die meisten Leute wissen ebenfalls, wie individuell sich Katzen verhalten können. Es ist deshalb gefährlich, von nur einem Individuum oder einigen wenigen Tieren ausgehend, Schlüsse auf «die Katze» an sich zu ziehen, zu verallgemeinern.

In der vergleichenden Verhaltensforschung können wir auf zweierlei Art mit dieser «Individualität» der Katze umgehen: Wir können sie als einen Faktor akzeptieren, der alle sonstigen Daten stark beeinflußt, und ihn statistisch «abschirmen», um festzustellen, welche anderen Faktoren sich (trotzdem) auf das Verhalten auswirken. Oder wir können die Individualität selbst zu analysieren versuchen und beispielsweise nach ihrem Ursprung oder ihrer Funktion fragen. Falls wir den ersteren Weg beschreiten, dürfen wir nie außer acht lassen, daß wir es – trotz eines statistisch signifikanten Einflusses z. B. des Geschlechts der Katze auf ihr Verhalten oder der Bestandsdichte auf die Größe ihres Streifgebiets – meistens auch mit einer natürlichen Streuung um die Durchschnittswerte *und* mit einem signifikanten «Individueneffekt» zu tun haben. Und das bedeutet, daß wir, auch wenn sich ein allgemeiner Trend für eine Katzenpopulation bestätigen läßt, immer noch individuelle Unterschiede zwischen den einzelnen Tieren finden oder eine Katze antreffen können (vielleicht Ihre!), die nicht in dieses Muster paßt.

> *Ähnliches gilt für alle Aspekte des Katzenverhaltens, die ich in diesem Buch schildere; ein besonders anschauliches Beispiel dafür finden Sie in* Kapitel 14, *in dem ich Näheres über die Untersuchung der Interaktionen zwischen Katzen und Menschen während Erstbegegnungen berichte.*

Falls wir den zweiten Weg wählen und die Individualität *per se* analysieren, befassen wir uns mit einer der sprichwörtlichsten und bei den meisten Besitzern sehr hoch eingeschätzten Eigenschaft dieser Tiere. Wir müssen aber stets den Unterschied zwischen der (durch die natürliche Diversität jeder Population bedingten) Streuung um eine Norm einerseits und den mehr oder weniger konsistenten Varianten im Verhalten der einzelnen Individuen andererseits im Auge behalten. Dies ist auch für den Verhaltensforscher nicht immer leicht, da oft beide Arten von Abweichungen seine Daten beeinflussen. Beide Verfahren erfordern jedoch große Datenmengen über viele Tiere (oder Menschen, wenn es sich um das menschliche Verhalten gegenüber Katzen handelt), will man etwas Konkretes über Katzen feststellen.

Die ethologische Analyse der Persönlichkeit der Hauskatze (oder auch anderer Tierarten) steckt noch in den Kinderschuhen. Immerhin haben jedoch meine Kollegen Mendl und Harcourt an der Cambridge University in England damit einen Anfang gemacht, indem sie das Problem genauer definierten, die spärlich vorhandenen Informationen dazu sammelten, die noch zu beantwortenden Fragen auflisteten und die möglichen methodischen Ansätze vergleichend darstellten. (Die bei unseren Hauskatzen bereits entdeckten Persönlichkeitstypen werden in Kapitel 14 genauer erläutert.) Es ist zu erwarten, daß sowohl genetische (vererbte) als auch modifikatorische (erlernte und umweltbedingte) Faktoren diese Individualität beeinflussen, daß im Lauf der Zeit das Jungtier seinen persönlichen Verhaltensstil weiterentwickelt (modifiziert) und daß dieser Stil manchmal über lange Zeit und in verschiedenen Situationen stabil bleibt, aber sich mitunter auch ändert. Auf jeden Fall scheint die Hauskatze eine für zukünftige Untersuchungen über dieses Thema nahezu ideal geeignete Tierart zu sein.

Kolonie- oder Felduntersuchungen?

Das zweite Problem, das der Katzen-Verhaltensforscher lösen muß, betrifft den Ort, an dem er seine Daten sammelt (und die Art, wie er es tut). Er muß sich entscheiden, ob er eine Feldstudie an (mehr oder weniger) freilaufenden Katzen durchführen oder eine «experimentelle» Kolonie-Untersuchung an Tieren vornehmen will, die «in Gefangenschaft» leben. Manchmal liegt es natürlich auf der Hand, wo man arbeiten muß: Beispielsweise wäre es sinnlos, eine Arbeit über die Größe der Streifgebiete in einem

Gehege durchzuführen oder eine Analyse der sozialen Beziehungen zwischen Menschen und Katzen bei verwilderten Tieren im Freiland zu versuchen. Oft ist der Fall aber nicht so eindeutig: Wenn ich feststellen will, ob es eine soziale Rangordnung unter Katzen gibt, die in Gruppen leben, arbeite ich dann besser mit Bauernhofkatzen oder mit meinen Koloniekatzen? Will ich die Faktoren analysieren, die die Interaktionen zwischen Katzen und Menschen beeinflussen, führe ich dann «Versuche» in einer Universitätskolonie durch oder beobachte ich lieber die Interaktionen in Privathaushalten?

In einer Kolonie habe ich die Situation besser unter Kontrolle als im Feld, d.h. ich kann «Störfaktoren» wie etwa das plötzliche Auftauchen eines fremden Tieres von unbestimmtem Alter und unbekannter Herkunft weitgehend ausschließen. Außerdem kann ich meine Beobachtungen an Tieren durchführen, deren Lebensgeschichte ich bestens kenne (denn sie kamen ja schon in der Kolonie zur Welt). Und nicht zuletzt kann ich unter standardisierten Bedingungen «experimentieren», indem ich beispielsweise die Größe und die Zusammensetzung von Gruppen variiere, nur Tiere einer bestimmten Altersklasse oder nur die des einen Geschlechts beobachte. Im Feld wäre das unmöglich, jedenfalls aber ineffizient.

Andererseits darf ein Wissenschaftler sich nicht zu weit von der Realität entfernen – das spricht wiederum für extensive Beobachtungen in Feld, Hof und Haushalt. Obwohl der Forscher bei diesem Vorgehen in der Regel keine Kontrolle über die Ereignisse hat, bekommt er oft ein besseres Gefühl dafür, wie das Tier im Zusammenhang mit seiner Umwelt funktioniert. Manchmal liefern ihm sogar die «Störungen» (wie die fremde Katze im obigen Beispiel) wesentliche Aufschlüsse über das Thema, das er erforscht: Wenn ich mich etwa für die räumliche Organisation einer Gesellschaft von Bauernhofkatzen interessiere, dann muß ich gerade die Häufigkeit von solchen «Fremdbesuchen» und die entsprechenden Reaktionen der heimischen Katzen erfassen.

«Versuche» sind im Feld schwieriger durchzuführen, einerseits wegen der oft ungünstigen Kombination von Tieren, die zu einem gegebenen Zeitpunkt vorhanden sind, andererseits wegen der unvorhersehbaren Störungen. Umso wichtiger sind dagegen aber die vielen nicht geplanten Versuche, die sich aufgrund einer natürlichen Veränderung der Situation anbieten, und der Vergleich von Felddaten, die in verschiedenen Regionen unter jeweils anders gearteten Bedingungen gesammelt wurden. Wenn eines Tages der Chefkater eines Gebiets in hohem Alter stirbt, wer übernimmt dann sein Revier (oder sein Weibchen)? Wie groß sind die Reviere der Tiere in einem Siedlungsgebiet, in dem die Katzen durchschnittlich täglich zweimal Dosenfutter bekommen, im Vergleich zu denjenigen in einer ländlichen Gegend? Auch hier müssen wir genügend viele «Fälle» beobachten oder ausreichende Daten über die Katzen in diversen Gebieten sammeln, um gesicherte Aussagen machen zu können.

Ich persönlich ziehe es vor, Feldstudien langfristig mit Kolonie-Untersuchungen zu kombinieren. Man kann eine breite Grundlage induktiven Wissens über das Tier im Feld schaffen und dann mittels kontrollierter Beobachtungen in einer Kolonie oder in einem Gehege «in die Tiefe bohren». Umgekehrt kann man die bei einer Kolonie-Untersuchung festgestellten unwichtigen Elemente dann in einer Felduntersuchung ignorieren, bei der man es mit sehr vielen Faktoren zu tun hat, die das Verhalten potentiell beeinflussen. So wechselt man immer wieder zwischen Feld und Kolonie, zwischen zwei Vergrößerungen der Optik, mit deren Hilfe man das Tier betrachtet.

Kontakt mit der Öffentlichkeit

Da die Katze eines der beliebtesten, gleichzeitig aber auch eines der verhaßtesten Heimtiere ist, hat man viel mit der Öffentlichkeit zu tun, wenn man ihr Verhalten studiert. Das bringt gewisse Probleme mit sich (die nicht unbedingt auf Katzenstudien beschränkt sind), aber auch Vorteile, insofern man auf eine gute Zusammenarbeit mit Privatbesitzern angewiesen ist. Zum Glück überwiegen die Vorteile, die nicht näher erläutert werden müssen. Doch möchte ich einige der häufiger auftretenden Probleme skizzieren und auch zu einigen kritischen Bemerkungen, die ich immer wieder höre, von vornherein Stellung nehmen.

Der ratgebende Forscher

Seitdem mein Katzenprojekt in der breiteren Öffentlichkeit bekannt geworden ist, bekomme ich pro Monat durchschnittlich etwa 30 Telefonanrufe oder Briefe von Katzenbesitzern aus dem deutschen Sprachraum, manchmal auch von weiter her. Die meisten Leute suchen Lösungen für «besondere» Probleme, die sie mit ihren Katzen haben. Oft sind diese Probleme allerdings gar nichts Besonderes, weshalb ich die am häufigsten vorkommenden in den Kapiteln 20 und 21 generell behandle. Andererseits gibt es wirklich Sondersituationen, und in solchen Fällen tue ich mein Bestes, um den betroffenen Besitzern behilflich zu sein. Schließlich wurde und wird meine Forschung zum Teil mit öffentlichen Geldern (z.B. durch den staatlichen Wissenschaftsfonds) finanziert, und ich betrachte es als meine Pflicht, der Öffentlichkeit so weit wie möglich Auskunft zu geben. Jedoch darf ich und dürfen Sie zwei Dinge nicht außer acht lassen: Zum einen ist es gerade bei besonderen Problemen außerordentlich schwierig, im Verlauf eines vielleicht viertelstündigen Telefongesprächs eine sicher wirksame Lösung zu finden, wenn der Berater weder die aktuellen Umstände noch die zu diesem Problem führende Geschichte kennt; dazu kommen natürlich noch die individuellen Eigenheiten jeder Katze! Zum anderen habe ich (wie die meisten anderen Katzenforscher) noch vieles andere zu tun – die Vorlesungen an der Universität, das Betreuen von Studenten, die eigentliche Forschungstätigkeit, das Schreiben von Forschungsgesuchen und -berichten usw. – und darf nicht allzuviel Zeit für die persönliche Beratung hilfesuchender Katzenbesitzer aufwenden.

Der böse Forscher
Manchmal ärgert es mich, wenn Personen, die keinen Einblick in den Wissenschaftsbetrieb haben, alle Tierforscher unterschiedslos in einen Topf werfen und als Tierquäler verdammen. Gewiß gibt es Forschungsprojekte, bei denen Tiere mißbraucht werden, doch würde ich mich persönlich nicht an solchen Projekten beteiligen. Zum Glück nimmt die Anzahl solcher Untersuchungen – dank immer strengeren Tierschutzgesetzen – in vielen Ländern stetig ab. Die Neigung zum Verallgemeinern besteht allerdings immer noch, was die folgenden Beispiele illustrieren.

Als ich meine Katzenkolonie an der Universität mit acht (vom Tierschutzgesetz her gesehen völlig legal angeschafften) Tieren gründete und diese Katzen im großen Gehege frei laufen ließ, dauerte es nur knapp eine Woche, bis die ersten Angriffe von Extremisten erfolgten: Das Haupttor zum Gehege (ein verchromtes Stahlgitter) wurde eingedrückt, vermutlich mit einem Auto; mit Spraydosen wurden diverse Sprüche an die Außenmauern geschmiert. Ich beschloß, sofort in der lokalen Presse eine Informationskampagne über die Ziele und den Zweck meiner Forschung durchzuführen, und diese Bemühungen waren allmählich auch erfolgreich. Trotzdem gingen während des ersten Jahres immer wieder einzelne Personen langsam am Haupttor vorbei, um festzustellen, ob ihre verschwundene Katze sich unter unseren Tieren befand. (Es waren mit der Zeit um die dreißig Tiere in unserer Kolonie, da die acht Stammtiere je einen Wurf hatten.) Ich bin selber Mitglied des Tierschutzvereins, berate mehrere Tierschutzorganisationen in Fragen des Katzenverhaltens und der Katzenhaltung und leite eine der bei Tierschutzorganistionen wie auch Fachkollegen angesehensten Katzen-(Gruppen-)Kolonien Europas – in der die Bedürfnisse der Tiere an erster Stelle stehen. Ich möchte auch daran erinnern, daß ein Gehege ganz anders aussieht, je nachdem, ob man es von draußen durch ein Gitter betrachtet oder sich drinnen aufhält – wo die Tiere leben. (Der Bildteil dieses Buches illustriert das eben Gesagte hoffentlich deutlich genug.) In jedem Fall aber nehmen wir ein Gehege mit unseren Augen (und Nasen und Ohren) wahr und nicht mit denjenigen des Tieres.

Ein zweites Beispiel betrifft den Gebrauch von Funksendern, die auf ein Ledergeschirr montiert sind, das die Katze trägt; auf diese Weise kann man freilaufende Katzen jederzeit orten. Wenn solche Geschirre richtig angezogen und angepaßt werden, behindern sie die Katze in ihrem täglichen Leben überhaupt nicht (siehe Bildteil) und bedeuten für sie keine Unfallgefahr. Doch werden sie immer wieder von Sonntagsspaziergängern – aus «Mitleid» mit den Tieren – entfernt. Die Kosten für den Steuerzahler: zwischen 500 und 750 Schweizer Franken pro Sender! In Diskussionen mit Passanten in unserem damaligen Feldgebiet habe ich mehrfach zu hören bekommen, daß es wohl schon in Ordnung sei, solche Geräte *bei anderen Tierarten* anzuwenden, nicht aber bei unseren lieben Katzen, die sowieso immer aufzuspüren sind. Ich kann Ihnen versichern, daß es leichter ist, in Afrika größere, mit solchen Funksendern ausgerüstete Tiere aufzuspüren, die man fast täglich im Fernsehen sieht, als hierzulande eine Hauskatze in den Gebäuden eines Bauernhofes, in Maisfeldern oder in hohem Gras. Aber die Katze ist eben anders, etwas Spezielles, nahezu Menschenähnliches!

Der gefühllose Forscher

Der Vermenschlichung der Tiere (Anthropomorphismus) steht die nüchterne Objektivität der Wissenschaftler gegenüber; diese Distanz bei der Betrachtung der Tiere erweckt oft den Eindruck einer gewissen «Kälte des Herzens». Patrick Bateson und ich haben dieses Problem im Zusammenhang mit der Frage «Können Katzen denken?» erläutert: Viele Besitzer, die ihre Katzen genau beobachten und eine gute Beziehung zu ihnen haben, sind davon überzeugt, daß die Tiere «absichtsvoll» handeln, und es sieht mitunter ganz so aus, als würden sie wie Menschen denken. Doch wir projizieren unsere eigenen Gefühle und bewußten Wahrnehmungen in die Katzen hinein, und *dann* handeln sie so, wie wir es voraussagen würden. Das ist jedoch kein Beweis dafür, daß sie tatsächlich so denken oder fühlen! Der Ethologe findet oft eine andere, meist einfachere Erklärung für das beobachtete Verhaltensmuster, ohne besondere kognitive oder affektive Fähigkeiten beim Tier voraussetzen zu müssen. Doch ist das wiederum auch kein Beweis dafür, daß die Tiere *nicht* solche Fähigkeiten besitzen! (In Kapitel 23 erfahren Sie mehr zu diesem Thema.)

Außerdem kann eine zu starke «Verobjektivierung» des Tieres dazu führen, daß man es nur noch als eine Art Maschine betrachtet, die Komplexität seines Verhaltens unterschätzt und die Verhaltensforschung in Verruf bringt. Ich empfehle deshalb eine Kompromißlösung: Der Laie sollte für andere Erklärungsmöglichkeiten etwas offener sein und nicht immer gleich bewußtes Handeln seitens des Tieres annehmen. Der Ethologe sollte – wie schon von Martin und Bateson empfohlen – alle potentiellen Hilfsmittel, also auch anthropomorphistische Vorstellungen einsetzen, um neue Ideen und Hypothesen zu entwickeln, und diese dann mit streng analytischem Denken überprüfen.

Die teuren Forscher

Auch dieses Problem muß einmal mit aller Deutlichkeit angesprochen werden. Jede Art von Forschung ist heutzutage eine kostspielige Angelegenheit, doch sind die meisten Gesellschaften – in Ost und West – bereit, entsprechende Investitionen zu tätigen. Die ethologische Forschung ist verhältnismäßig «preiswert», da die Wissenschaftler, abgesehen von einigen kleineren Geräten (wie z. B. Radiotelemetrie-Einrichtungen, Datenerfassungsgeräten und Computeranlagen an den Universitäten), selten teure Spezialapparate benötigen. Kosten entstehen eher durch Fahrtspesen (bei Feldstudien) und/oder die Tierhaltung selbst (im Fall von Kolonie-Untersuchungen). Personalkosten – für Forschungsassistenten und Tierpfleger oder Laboranten – fallen bei allen Arten von Projekten und Studien an. Trotzdem addieren sich die Kosten eines Projektes rasch zu beträchtlichen Summen, was die Forscher dazu zwingt, finanzielle Unterstützung von außerhalb zu suchen.

So wird beispielsweise derzeit ein Teil meiner Katzenforschung durch einen staatlichen Wissenschaftsfonds unterstützt, ein anderer Teil mit Geldern aus dem privatwirtschaflichen Sektor finanziert. Dieser Umstand bewirkt nicht selten, daß Augenbrauen fragend hochgezogen werden, oder ruft sogar offenes Mißtrauen gegenüber dem hervor, was ich über Katzen erzähle. Das ist bedauerlich, aber wahrscheinlich hierzulande nicht so schnell zu ändern. In meiner Heimat, den Vereinigten Staaten, ist eine enge Zusammenarbeit zwischen Universitäten und Industrie nicht mehr wegzudenken, vor allem weil sie – auf beiden Seiten – zu größerer Produktivität und Effizienz geführt hat und natürlich auch zur Entlastung des ohnehin stark beanspruchten staatlichen Forschungshaushalts beiträgt. Wichtig ist dabei jedoch, daß der Wissenschaftler weiterhin die uneingeschränkte Kontrolle über die Veröffentlichung seiner Ergebnisse hat, auch wenn sie für den Geldgeber aus dem privatwirtschaftlichen Bereich nicht unbedingt positiv ausfallen. Und das wird (wie in Amerika) inzwischen auch in Europa vertraglich geregelt; die Forschungsgelder werden dann, wie in meinem Fall, von einer Universitätskasse verwaltet und kontrolliert.

Der faule Forscher

Wie wir im nachfolgenden Abschnitt anhand einiger Beispiele aus meinen eigenen Katzenstudien sehen werden, braucht der Verhaltensforscher bei seiner Arbeit sehr viel Geduld. Tiere ruhen sich manchmal aus oder sie verweilen lange Zeit untätig an einem Ort, und der Forscher, der sie verfolgt und beobachtet, muß am selben Ort ausharren – still dastehend oder auch sitzend – gleichviel, ob es nun Minuten oder Stunden dauert, bis sich wieder etwas tut!

Uninformierte Personen könnten bei Feldstudien den Eindruck bekommen, der Forscher sei ein «fauler Kerl». Ich erinnere mich noch gut an einen Kollegen, der das Verhalten von Brüllaffen studierte, die hoch oben in den Baumkronen Costa Ricas leben. Da er ständig (und das heißt wirklich stundenlang!) nach oben schauen mußte, kam er schließlich auf die Idee, ein Faltbett mit sich zu tragen; er stellte es auf, wenn seine Affengruppe stationär blieb, und protokollierte ihr Verhalten in liegender Stellung. Die Einheimischen fanden das nicht nur lustig, sondern sahen darin auch eine Bestätigung ihrer Eindrücke, was die Motivation der Feldforscher anging!

Wenn Sie noch Zweifel haben, dann machen Sie doch einfach einmal den Versuch, über mehrere Tage (meistens Monate) hinweg mit einer freilaufenden Katze stundenlang in Sichtkontakt zu bleiben. Sie werden sehr schnell feststellen, daß Geduld nicht mit Faulheit gleichzusetzen ist.

Zum Glück erfordern nicht alle unsere Fragen und Hypothesen ein kontinuierliches Beobachten der Tiere (die sogenannte Fokustier-Methode); es gibt andere Methoden, um Stichproben zu machen; auf diese Methoden gehe ich nun im Folgenden kurz ein, wenn ich darüber spreche, wie man Verhaltensforschung an Katzen betreibt.

Wie man bei der Erforschung des Katzenverhaltens vorgeht

Mit zwei Beispielen aus meinen eigenen Forschungsarbeiten möchte ich illustrieren, wie man das Verhalten dieser Tiere «studieren» kann. Das erste Beispiel liefert eine von meiner wissenschaftlichen Mitarbeiterin, Claudia Mertens, und mir bereits veröffentlichte Studie über die räumliche Organisation einer Bauernhofkatzen-Population – es handelt sich also um eine Feldstudie über freilaufende Tiere. Das zweite Beispiel stammt aus meiner Untersuchung des Verhaltens einer reinrassigen Katze, also aus einer Koloniestudie.

Ganz allgemein gesprochen, und ausgehend von dem Verfahren, das von Martin und Bateson (1986) in ihrer Einführung für Ethologen beschrieben wurde, kann man sieben oder acht aufeinanderfolgende Schritte bei der Erforschung des Tierverhaltens unterscheiden:

1) eine Frage stellen;

2) Pilotbeobachtungen dazu durchführen und Hypothesen formulieren;

3) anhand der Hypothesen Voraussagen über das Verhalten der Tiere machen;

4) entscheiden, welche Verhaltens-Variablen (Verhaltenselemente oder Verhaltensmuster) aufgenommen werden müssen, um die Voraussagen überprüfen zu können;

5) Geeignete Methoden der Datenaufzeichnung wählen, um diese Variablen zu erfassen;

6) Die eigentlich signifikanten Daten (nicht also Pilotdaten) sammeln;

7) Die Daten mit geeigneten statistischen Werkzeugen auswerten und die Hypothesen somit überprüfen; und nicht zuletzt

8) die Ergebnisse, zumindest unter Fachkollegen, verbreiten.

Beispiel für eine Feldstudie

1) Die Fragen stellen: Wie sind die Katzen einer ländlichen Gegend räumlich organisiert? Wie nutzen sie ihre «Reviere» aus? Sind ihre Reviere exklusiv oder dulden sie andere Katzen?

2) Pilotbeobachtungen und Hypothesen: In unserem Fall schloß diese Phase die folgenden Punkte ein: Zuerst mußten wir ein landwirtschaftliches Gebiet finden, das a) gut überschaubar und (von der Universität) nicht allzu weit entfernt war, b) einen genügend großen Katzenbestand aufwies, und c) Bauern oder Katzenbesitzer hatte, die uns die Erlaubnis geben würden, mit ihren Tieren und auf ihrem Land zu arbeiten. Dann haben wir begonnen, das Gelände mit Hilfe einer guten Gebietskarte genauer zu studieren und natürlich auch die dort lebenden Katzen kennenzulernen. Da unsere erste Studie in jenem Gebiet das Ziel hatte, das räumliche Organisations- und Nutzungsmuster beschreibend zu erfassen, hatten wir wenige konkrete Hypothesen: Nach den Pilotbeobachtungen und den Hinweisen in der Fachliteratur war zu erwarten, daß sich die *Home-Ranges* (Streifgebiete) der Katzen eines solchen Gebietes nicht überlappen würden; diese fehlende Überlappung der *Home-Ranges* der verschiedenen Katzen ist darauf zurückzuführen, daß Tiere ihre Gebiete verteidigen (territoriales Verhalten) oder (eine alternative Hypothese) die Artgenossen sich gegenseitig vermeiden; bestimmte Areale innerhalb des Streifgebietes werden für bestimmte Aktivitäten wie Jagen, Schlafen usw. benutzt.

26

3) Voraussagen machen: Wenn man das ganze Gebiet in kleinere Quadrate aufteilen und über einen längeren Zeitraum hinweg die Aufenthaltsorte aller Katzen registrieren würde, sollte man feststellen können, daß jedes Quadrat nur von einem Tier benutzt wird und daß in bestimmten Quadraten (oder in mehreren benachbarten Quadraten) die Katze vorwiegend nur einer Art von Aktivität nachgeht. Wenn die Streifgebiete verteidigt werden, würde man aggressive Interaktionen beobachten können, wenn sich benachbarte Tiere treffen. Wenn sich die Tiere nur aus dem Weg gehen, würde man keine simultane Belegung der Quadrate erwarten, aber auch wenig Aggressionen, wenn sie sich zufälligerweise außerhalb eines Streifgebietes begegnen.

4) Das aufzunehmende Verhalten bestimmen: In diesem Fall ist vor allem die Anwesenheit eines Tieres an einem bestimmten Ort (oder in einem bestimmten Quadrat der Gebietskarte) zu registrieren, doch auch andere Verhaltenselemente, -muster und -zustände, wenn man feststellen will, was das Tier dort tut.

In der Ethologie registriert man das beobachtete Verhalten mit Hilfe von präzise definierten und verläßlich protokollierbaren Verhaltens-«Elementen», die in einem «Ethogramm», einer Art Verhaltensinventar oder -katalog für die jeweilige Tierart, zusammengefaßt werden. Die Forscher können dann einen bestimmten Verhaltensablauf als eine Kette von aufeinanderfolgenden Elementen (oder Aktivitäten) betrachten. Sie unterscheiden zwischen «Ereignis-Elementen» (oder Ereignissen, wenn mehrere Schlüsselelemente zusammen in einem immer wieder auftretenden Muster vorkommen) und Verhaltens-«Zuständen», meist Aktivitäten wie Jagen, Schlafen, Ruhen oder Sitzen, die in der Regel länger andauern. Je nach Fragestellung protokolliert man a) alle beobachteten Ereignisse, b) jedes Vorkommen bestimmter Ereignisse, c) die aufeinanderfolgenden Verhaltenszustände eines bestimmten Tieres (eines sogenannten Fokustieres), oder d) die zu einem bestimmten Zeitpunkt gegebenen Verhaltenszustände aller Tiere, die sich im Sichtfeld des Beobachters aufhalten.

In unserem Fall haben wir die Anwesenheit einer Katze in einem bestimmten Quadrat als ein Ereignis taxiert; ferner wurde ihr dortiges Verhalten als ein Zustand erfaßt. Sämtliche sozialen Interaktionen zwischen den Katzen – aber insbesondere aggressive Handlungen – wurden als Ereignisse protokolliert.

5) *Datenaufnahme-Methoden wählen:* Niemand kann *alles*, was wahrgenommen wird, aufnehmen oder 24 Stunden am Tag ununterbrochen beobachten. Wir nehmen bestenfalls Stichproben des Verhaltens auf; die Wahl der Stichprobenmethode muß daher der Fragestellung entsprechen. Im Prinzip haben wir die Wahl zwischen einer «Überblicksstichprobe», wobei der Beobachter alle vorhandenen Tiere kurz nacheinander «überblickt» (oder alle Tiere einmal pro Zeitintervall kurz aufsucht), und einer «Fokustier-Stichprobe», bei der man einem Tier für eine Weile nachfolgt und es beobachtet. Da wir zu Beginn unserer Feldstudie nicht wußten, welche Methode die geeignetste sein würde, und mehrere Fragen gleichzeitig beantworten wollten, haben wir sowohl Überblicks- als auch Fokustier-Stichproben aufgenommen. Wie bereits erwähnt, haben wir sowohl Ereignisse als auch Verhaltenszustände protokolliert.

Um den Aufenthaltsort eines Tieres protokollieren zu können, entschieden wir uns für ein Koordinatensystem auf der Karte; die von uns vorgenommene Einteilung entsprach Quadraten von 50 x 50 Metern Seitenlänge. Da wir zwei unabhängig (wohl jedoch koordiniert) arbeitende Beobachter waren, haben wir unsere Protokolle, die das gleiche Tier betrafen, in einer Art Verläßlichkeitstest verglichen.

Damit wir die Katzen des Gebiets immer wieder auffinden konnten, haben wir sie (d.h. die meisten erwachsenen Tiere) mit den oben erwähnten Funksendern ausgerüstet. Dann waren wir so weit.

6) *Die eigentlichen Daten sammeln:* An bestimmten Tagen haben wir im Laufe eines Zeitraums von mehr als einem Jahr – damit saisonale Unterschiede auch erfaßt wurden – tagsüber (da Katzen heute ebenfalls tagaktiv sind) einmal pro Stunde alle erwachsenen Katzen des Gebietes kurz aufgesucht, ihre Aufenthaltsorte registriert und ihr Verhalten notiert. An anderen, ebenfalls nach Jahres- und Tageszeit ausbalancierten Tagen, haben wir ausgewählte Fokustiere den ganzen Tag lang beobachtet (ein Tier pro Tag), ihre sukzessiven Aufenthaltsorte (d.h. ihre Bewegungsrouten) auf der Karte eingetragen und alle ihre sozialen Interaktionen mit anderen Katzen protokolliert.

7) *Die Daten auswerten und Hypothesen überprüfen:* Es waren mehr als sechs Mann-Monate Arbeitszeit nötig (es dauerte effektiv über ein Jahr), um diese große Datenmenge auszuwerten.

Unter anderem mußten *Home-Range*-Karten für alle Tiere angefertigt und nach Überlappungen der von den verschiedenen Katzen benutzten Quadrate sowie nach intensiv benutzten speziellen Gebieten untersucht werden. Ereignisse wie Begegnungen zwischen zwei Tieren mußten ausgezählt und der Verlauf solcher Begegnungen ausgewertet werden. Am Schluß konnten wir tatsächlich die oben erwähnten Hypothesen prüfen und die Daten – im Zusammenhang mit den Ergebnissen unserer Kollegen, die Katzen andernorts unter anderen Bedingungen untersuchten – interpretieren. (Unsere Befunde werden in Kapitel 10 genauer erläutert.)

8) Die Ergebnisse verbreiten: Weitere drei Mann-Monate wurden benötigt, um das wissenschaftliche Manuskript (Text und Abbildungen) fertigzustellen. Nach dem Einreichen des Manuskripts wurde es von uns unbekannten Fachkollegen begutachtet und gutgeheißen (dieses Mal innerhalb von zwei Monaten – eine außergewöhnlich kurze Zeitspanne). Der Artikel wurde etwa zehn Monate später in der Fachzeitschrift abgedruckt (dies geschah wiederum außergewöhnlich schnell). Geduld muß man sonst schon oft haben, da man eigentlich die Forschungsergebnisse vor der Veröffentlichung des Manuskripts nicht schriftlich erwähnen soll. Deshalb sind wissenschaftliche Kongresse, an denen die neuesten Ergebnisse mündlich mitgeteilt und diskutiert werden (meistens lange Zeit, bevor sie in der Fachliteratur erscheinen), so enorm wichtig für die Forschung.

Beispiel für eine Kolonieuntersuchung

1986 machte ich, zusammen mit Kollegen von der Cambridge University in England, eine aufsehenerregende Entdeckung – wenn man den Schlagzeilen in der Fach- und Tagespresse glauben will. Wir stellten fest, daß das Erbgut der Kater das Verhalten ihrer Nachkommen so stark beeinflußt, daß eine Gruppierung von Jungtieren verschiedener Väter und Mütter anhand der Stärke ihrer «Freundlichkeit gegenüber Menschen» am besten durch die Vaterschaftslinien erklärt wird (siehe auch Kapitel 6).

Später beschloß ich, im Zuge meiner Forschungsarbeit, solchen potentiell vererbbaren Verhaltenseigenschaften bei Katzen nachzugehen. Immer wieder wurde behauptet und war in der populären Katzenliteratur zu lesen, daß reinrassige, also gezüchtete Katzen mit größerer Genauigkeit voraussagbare Persönlichkeitsmerkmale hätten als Hauskatzen (was noch nicht wissenschaftlich belegt ist), und daß viele Rassen sich in ihrem Verhalten gegenüber Menschen von anderen Rassen (und auch von den Hauskatzen) deutlich unterschieden (auch dies ist noch nicht mit Daten belegt). Ich entschied daher, im Lauf der nächsten Jahre vergleichende Verhaltensstudien an mehreren Rassen durchzuführen.

Da die meisten Züchter natürlich von der besonderen Eignung ihrer «eigenen» Rasse überzeugt sein würden, stützte ich mich bei der Auswahl der in Frage kommenden Rassen auf die folgenden Kriterien: a) übereinstimmende Beschreibungen der Persönlichkeitsmerkmale der Rasse bei verschiedenen «Kennern»; b) mindestens ein wirklich auffallendes Verhaltensmuster, das als Prüfstein für die Vererbbarkeit des Verhaltens dienen konnte; c) problemlose Zucht der Tiere, da sie sich im Lauf der Jahre auf natürliche Weise mit anderen Katzen paaren und Jungtiere für unsere Beobachtungen produzieren sollten. Eine der Rassen, die ich unter Zugrundelegung dieser Kriterien auswählte, ist die türkische Van-Katze.

Es gibt viel Interessantes über diese Rasse zu berichten, aber das hat schon der Züchter Gideon Gautschi in seiner reich illustrierten Zusammenfassung für Katzenfreunde getan. Die wichtigsten Punkte waren für mich die folgenden: Vermutlich ist die Rasse sehr alt, ihr Ursprung liegt im Van-See-Gebiet der östlichen Türkei, wo auch heute noch freilebende Exemplare (verwilderte Tiere?) vorkommen sollen. Angeblich (hierin stimmen sämtliche Beschreibungen überein) haben diese «Türken» eine besondere Beziehung zum Wasser: Sie werden besonders durch fließendes Wasser angezogen; sie überqueren Bäche und Flüsse und schwimmen (freiwillig!) darin. Dies kann ich aus eigener Anschauung jedoch (noch) nicht bestätigen. Aus qualitativen Beobachtungen im Gautschi-Zwinger scheint hervorzugehen, daß diese Tiere noch viel «Wildes» an sich haben (noch mehr als die Hauskatzen, die ich schon kenne) und zugleich extrem anhänglich und spielerisch sein können, wenn sie es wollen.

Dem Aussehen nach sind nicht ausgewachsene türkische Vans nicht von anderen Hauskatzen – Mischlingen – gleicher Farbe zu unterscheiden; dieser Umstand wird in den späteren Studien der Beziehung der Menschen zu ihnen von Nutzen sein. Vorerst wollen wir uns aber auf ihr «auffallendes» Verhaltensmuster konzentrieren, nämlich ihre Beziehung zum Wasser. Im folgenden Abschnitt möchte ich schildern, wie wir diese Kolonieuntersuchung durchzuführen gedenken, obwohl wir gerade erst am Anfang der Arbeit stehen und hier nur die ersten Schritte dieses ethologischen Forschungsprojekts skizziert werden können.

1) Die Fragen stellen: Wie manifestiert sich das «Interesse» der türkischen Van-Katzen an (fließendem) Wasser? Ist dieses Interesse angeboren, anders gefragt, ist fließendes Wasser ein sogenannter Schlüsselreiz für diese Katzen? Beeinflußt die Van-Mutter die Beziehung ihrer Jungtiere zum Wasser? Falls das Interesse am Wasser angelernt ist, wird es in der Kolonie tradiert?

2) Pilotbeobachtungen und Hypothesen: Pilotbeobachtungen werden im Rahmen einer ersten Diplomarbeit des Projektes gemacht. Die normale Entwicklung der jungen Van-Katzen wird mit derjenigen gleichaltriger junger Hauskatzen verglichen (und zwar zur gleichen Zeit, damit die äußeren Umweltbedingungen für beide dieselben sind). Ihre Entwicklungsgeschwindigkeit, das allgemeine Aktivitätsniveau, die lokomotorischen Fähigkeiten, das Spielverhalten und die Beziehung zu Menschen werden gemessen und verglichen. Insbesondere werden ihre Reaktionen auf stehendes Wasser (eine flache Wanne mit Wasser von Zimmertemperatur) sowie fließendes Wasser (wahrscheinlich ein kleiner künstlicher Wasserfall) über einen längeren Zeitraum beobachtet und verglichen. Abgesehen von der Begegnung mit dem üblichen Wassernapf haben weder unsere Vans noch unsere Hauskatzen vor ihrer Entwöhnung spezielle Erfahrungen mit Wasser gemacht. Die diesbezüglichen Hypothesen lauten, daß a) die Türkenkatzen ein besonderes Verhältnis zum Wasser haben, das entweder b) angeboren oder c) angelernt ist.

3) Voraussagen machen: Wenn dies stimmt, dann sollten die jungen Vans von sich aus mehr Zeit im (fließenden) Wasser oder in seiner Nähe verbringen und anders reagieren als die jungen Hauskatzen, wenn diesen Wasserquellen angeboten werden. Wenn das Wasser selber oder etwas an die Eigenschaften von fließendem Wasser Erinnerndes – z.B. ein Geräusch oder eine Bewegung – ein angeborener Schlüsselreiz für das Verhalten der Vans ist, dann sollte zumindest ein Teil des Nachwuchses aus freien Paarungen zwischen Vans und Hauskatzen ebenfalls ein besonderes Interesse am Wasser zeigen. (Solche Mischlinge werden später kastriert, damit die Türken als Reinrasse weiterbeste-

hen und auch die Hauskatzen das bleiben, was sie sind.) Wenn das Interesse am Wasser jedoch angelernt ist, dann sollten junge Vans mit Müttern, bei denen sich dieses Interesse bereits zeigt, später ebenfalls dieses Interesse haben; bei Jungtieren von Van-Müttern ohne Wassererfahrung sollte es ausbleiben.

4) Das aufzunehmende Verhalten bestimmen: Wie eben erwähnt, werden unter anderem die im oder am (fließenden) Wasser verbrachte Zeit und die Reaktionen der Tiere auf das Wasser gemessen. Außerdem werden sowohl bei den türkischen Van-Katzen als auch bei den Hauskatzen nur einem Teil der Tiere jedes Wurfes Wassererfahrungen ermöglicht, damit wir innerhalb einer Rasse, aber auch zwischen den verschiedenen Rassen Vergleiche ziehen können. Das bedingt über Jahre hinweg eine von uns Forschern sehr sorgfältig geplante Koloniezucht und einen von meinen Tierpflegern gewissenhaft durchgeführten Koloniebetrieb, was die Gruppenhaltung der Tiere und den Zugang zu den Wasserwannen betrifft.

Schon im Sommer 1988 haben wir einen Teil unserer Außengehege umgestaltet, damit sie auch den Bedürfnissen reinrassiger Katzen gerecht werden. Nun müssen auch wir die Resultate der Pilotstudie abwarten, bevor wir weiter planen können. Aber vielleicht sehen Sie schon jetzt, welche Art von Fragen wir in unserer Kolonie stellen können und wie wir sie mit Hilfe von kontrollierten Beobachtungen zu beantworten versuchen. Wenn ich später in diesem Buch beiläufig Forschungsergebnisse erwähne, die aus einer Feld- oder einer Kolonieuntersuchung stammen, so vergessen Sie bitte nicht, daß meistens monatelange Arbeit dahintersteckt.

Von der Wildkatze zur Hauskatze

3. Die Domestikation

Die Domestikation einer wilden Tierart kann man dann als gegeben betrachten, wenn ihre Nahrungsaufnahme, vor allem aber auch ihre Fortpflanzung unter menschlicher Kontrolle stattfindet, die Tiere also gepflegt, gefüttert und gezüchtet werden. In diesem Kapitel möchte ich der Frage nach den Ahnen unserer Hauskatzen, ihrer Domestikationsgeschichte sowie der Theorie der «Selbstdomestikation» nachgehen. Die späteren Züge ihrer Geschichte seit der Domestikation werden dann im nachfolgenden Kapitel erläutert.

Der Vorfahre unserer Hauskatzen

Felis libyca forma catus ist, laut Paul Leyhausen, der korrekte taxonomische Name für unsere Hauskatzen, obwohl man oft die Namen *Felis silvestris f. catus* (oder *sylvestris*), *Felis catus* und *Felis domesticus* (oder *domestica*) liest.

Felis libyca (oder *Felis silvestris libyca*) ist der wissenschaftliche Name für die (nord-)afrikanische Wildkatze; *Felis silvestris* (oder *Felis silvestris silvestris*) der für die europäische Wildkatze. Viele Besitzer sind der Meinung, daß unsere Hauskatzen von den europäischen Wildkatzen abstammen, was jedoch falsch ist. Vergleichende morphologische Untersuchungen haben ergeben, daß alle drei Formen – die afrikanische, die europäische und die domestizierte Katze – der gleichen Tier*art* zuzuordnen sind. (Einige Autoren nennen diese Art *Felis silvestris*, andere *Felis libyca*, daher die Verwirrung durch die beiden oben genannten Namen.) Ragni und Randi stellten anhand von Schädelmessungen kürzlich fest, daß die domestizierten und die afrikanischen Formen näher miteinander verwandt sind als mit der europäischen Form. Aus diesen und anderen Untersuchungen geht klar hervor, daß der Vorfahre unserer heutigen Hauskatze die nordafrikanische Wildkatze (*Felis libyca*) ist, und ich stimme mit Leyhausen darin überein, daß wir unsere Katzen als «Unterart» (*forma catus*) von *Felis libyca* bezeichnen sollten.

Leider wissen wir nicht viel über das Verhalten der afrikanischen Wildkatze; was wir wissen, verdanken wir dem Schweizer Naturhistoriker C. A. W. Guggisberg. Er berichtete, daß diese Wildkatzen keineswegs selten, aber sehr scheu und nachtaktiv sind. Offenbar fangen die Einheimischen (z.B. in Kenia) die Jungtiere ein, ziehen sie auf und spielen mit ihnen, auch später noch, wenn die Tiere gezähmt und erwachsen sind. Sie werden anscheinend nicht gezüchtet; aber der erste Schritt zur Domestikation scheint damit durchaus vollzogen zu sein.

Domestikation und Frühgeschichte der Hauskatze

Man liest und hört alles Mögliche über die Domestikationsgeschichte unserer Katzen: Sie sollen im Nahen Osten, in Indien und auch in China erstmals (oder sogar mehrmals) domestiziert worden sein! Die Tatsache, daß der Aufbau des Skeletts der modernen Katze nur wenig von dem ihrer Vorfahren abweicht, macht die Interpretation der bei Ausgrabungen gefundenen Knochen noch schwieriger. Diese Knochen- und Zahnstücke werden von den Archäologen natürlich dem gleichen Zeitraum zugeordnet wie die anderen an einer bestimmten Ausgrabungsstelle entdeckten Gegenstände, aber sie sagen sehr wenig über den Domestikationszustand der damaligen Tiere aus.

Obwohl einige Autoren die Knochenfunde z.B. in Jericho, Haçilar (zwischen 7000 und 5000 v. Chr.) und im Industal bei Harappa (ca. 2000 v. Chr.) als Beweis für eine frühere oder dort vollzogene Domestikation der Katze werten wollen, fand man einzig in Ägypten konkrete Anhaltspunkte für die Domestikation. James Serpell hat eine hervorragende Zusammenschau aller bekannten Details über Katzen in Altägypten verfaßt, und ich stütze mich hier auf seine Ausführungen wie auch auf einige Originalquellen.

Die frühesten Abbildungen von Katzen (wahrscheinlich Wildkatzen) in Ägypten stammen aus dem 3. Jahrtausend v. Chr. In der Grabstätte von Ti (ca. 2600 v. Chr.) gab es eine Abbildung, auf der eine Katze ein Halsband trägt; dies deutet darauf hin, daß Katzen zumindest in Gefangenschaft gehalten, wenn nicht sogar domestiziert wurden. In einer späteren Grabstätte (ca. 1900 v. Chr.) fand man die Knochen von 17 Katzen und kleine Schalen für Milchgaben. Dem *Lexikon der Ägyptologie* zufolge setzen die Abbildungen von Katzen und entsprechende Inschriften erst im

Mittleren Reich (ca. 2040 bis 1650 v. Chr.) in bedeutendem Maß ein. Da in Ägypten von etwa 1600 v. Chr. an Bilder und Plastiken von Katzen immer häufiger auftreten, kann man annehmen, daß die Katze *spätestens* zu dieser Zeit schon domestiziert war. Zahlreich sind die Funde dann aus der Zeit des Neuen Reiches (ca. 1540 bis 1070 v. Chr.), wobei die Wertschätzung der Katzen ihren Höhepunkt in der Spätzeit (ca. 712 bis 332 v. Chr.) erreichte, wie die Schilderungen von Herodot bestätigen.

Wieder dem *Lexikon der Ägyptologie* zufolge konnte das Geschick der Katzen bei der Bekämpfung von Nagetieren und Schlangen ein Hauptgrund für ihre Domestikation gewesen sein. Im Mittleren Reich schätzte man sie als Gehilfen bei der Jagd auf Wasservögel, und bis in die Zeit des Neuen Reiches gehörten sie zu den Lieblingstieren, die in den Wandmalereien der thebanischen Gräber unter dem Stuhl des Grabherrn dargestellt wurden. Aber die Rolle der Katze in Altägypten war noch viel bedeutsamer: Sie erscheint im «Traumbuch», in der Fabel, im Tiermärchen und in der zukunftsweisenden Parodie des Katz-Mäuse-Krieges. Schon während der 18. Dynastie (ca. 1540 bis 1295 v. Chr.) gab es in der volkstümlichen Religion Ansätze zu einer Vergöttlichung der Katze. Später galt sie «als Tier der Bastet, einer ursprünglichen Löwingöttin, die sich zur Katze gewandelt hat und damit den Gegenpol zur wütenden Löwin Sachmet bildet». Aus der Spätzeit liegen zahlreiche Katzenbronzen und -Artefakte vor, außerdem fand man Katzenfriedhöfe in Bubastis, Saqqara, Tanis, Speos Artemidos, Beni Hassan, Gebel Abu Foda, Darb el Kareib und Theben. 1988 hatte ich die Gelegenheit, solche Artefakte und Katzenmumien im Ägyptischen Museum in Kairo zu besichtigen (siehe Bildteil), doch obwohl die Vielfalt und Genauigkeit der Plastiken sehr beeindruckend ist, vermitteln sie keinen so guten Eindruck vom Ausmaß des Katzenkults wie Herodots Beschreibungen.

Im damaligen Bubastis am tanitischen Arm des Nils (etwas südöstlich vom heutigen Zagazig im Nildelta) feierten die Ägypter am 13. Tag des 2. und 5. Monats und am 18. Tag des 6. Monats die Feste der Bubastis (*Lexikon der Ägyptologie*). Laut einer Inschrift aus der Herrschaftszeit Ramses' IV. war an ihrem Fest die Löwenjagd verboten. Viel mehr erfahren wir jedoch über diese Feste und die Beziehung der Altägypter zu ihren Katzen aus Herodots II. Buch der *Historien*, aus dem ich hier zitiere:

«Die großen Feste finden in Äypten nicht ... einmal jährlich statt, sondern sehr oft. Am häufigsten und liebsten versammelt man sich in Bubastis der Artemis [= Bastet] zu Ehren...

Die Festfeier in Bubastis verläuft folgendermaßen. In einzelnen Baren kommen sie dahergefahren, eine große Menge Volks, Männer und Frauen durcheinander...

Sobald sie in Bubastis angelangt sind, beginnt das Fest unter großen Opfern, und Wein wird an diesem Fest mehr verbraucht als in dem ganzen übrigen Jahre. Die Zahl der Zusammenkommenden, Männer und Frauen, die Kinder nicht eingerechnet, beträgt, wie man dort versichert, gegen siebenhunderttausend Menschen...

So ist es in Bubastis... In dieser Stadt ist vor allem das Heiligtum der Bubastis merkwürdig. Es gibt größere und kostbarere Tempelbauten, aber keinen anmutigeren als diesen der Bubastis. Bubastis ist der ägyptische Name für Artemis [Bastet].

Das Heiligtum liegt mit Ausnahme des Eingangs ganz auf einer Insel. Vom Nil her laufen zwei Kanäle heran, die bis zur Eingangsstelle des Heiligtums getrennt bleiben und sich zu beiden Seiten herumziehen. Jeder ist hundert Fuß breit und von Bäumen beschattet. Die Vorhalle ist zehn Klafter hoch und mit bemerkenswerten Standbildern von sechs Ellen Höhe geschmückt. Das Heiligtum liegt mitten in der Stadt und ist von allen Stadtteilen aus zu übersehen... Herum läuft eine mit Reliefs geschmückte Mauer, und innen ist ein Hain mit mächtigen Bäumen, der um das hohe Tempelhaus herumgepflanzt ist, in dem das Bild der Göttin steht... Von dem Eingang aus führt eine mit Steinen belegte Straße von drei Stadien Länge über den Marktplatz der Stadt nach Osten... Zu beiden Seiten stehen himmelhohe Bäume. Sie endet bei dem Heiligtum des Hermes.»

Herodot schreibt weiter über die Beziehung der Ägypter zu diversen Tieren, daß sowohl wilde wie auch zahme ohne Ausnahme als heilig betrachtet werden. Es gab sogar schon damals spezielle Tierwärter (manchmal auch Wärterinnen), die für die Fütterung der Tiere verantwortlich waren; dieses Amt wurde in der Regel vom Vater auf den Sohn vererbt. Herodot berichtet über die Bräuche beim Tierdienst:

«Nach einem Gebet zu dem Gott, dem das Tier heilig ist, scheren sie ihren Kindern die Haare, entweder den ganzen Kopf oder den halben oder ein Drittel und wägen die Haare mit Silber auf. Dies Silber bekommt die Wärterin des Tieres, die dafür Fische kauft und sie ihm zerschnitten zum Fraß gibt... Tötet jemand eines dieser Tiere absichtlich, so trifft ihn die Todesstrafe, wenn unabsichtlich, so zahlt er die ihm von den Priestern zugemessene Strafe. Wer aber einen Ibis oder Habicht tötet, muß in jedem Falle sterben.»

Wir sehen daran, daß andere Tiere als noch heiliger galten als die Katze. Speziell über die Katzen in Ägypten schrieb Herodot:

«Die Ägypter haben viele Haustiere und würden noch mehr haben, wenn die Zahl der Katzen nicht durch folgenden Umstand vermindert würde. Wenn die weibliche Katze Junge hat, meidet sie den Kater; der verlangt also vergebens nach dem Weibchen. Daher ist er auf den Ausweg verfallen, die Jungen ihren Müttern mit Gewalt und List zu rauben und sie zu töten, ohne daß er sie aber frißt. Die ihrer Jungen beraubte Katze möchte dann von neuem Junge haben und läuft wieder zum Kater. Dies Tier liebt es nämlich, Junge zu haben. Merkwürdig ist das Benehmen der Katzen bei einer Feuersbrunst. Die Leute denken gar nicht an das Löschen, sondern stellen sich rings um das Feuer auf und geben auf ihre Katzen acht. Trotzdem springen diese zwischen ihnen hindurch oder über sie hinweg in die Flammen. Darüber sind die Ägypter dann sehr betrübt. Wenn in einem Hause eine Katze stirbt, scheren sich alle Hausbewohner die Augenbrauen ab; und wenn ein Hund stirbt, so scheren sie sämtliche Körper- und Kopfhaare.

Die toten Katzen werden nach der Stadt Bubastis gebracht, einbalsamiert und in heiligen Grabkammern beigesetzt. Die Hündinnen begräbt man in der eigenen Stadt in geweihten Särgen...»

Wir entnehmen diesem Text Herodots, der Bubastis etwa im Jahre 450 v. Chr. besuchte, daß die Ägypter der Spätzeit tatsächlich die Katze – aber nicht nur die Katze – als heilig verehrten, und daß diese Tiere auch ihr tägliches Leben prägten. (Ein Foto diverser Katzenanhänger und Schmuckstücke findet sich im Bildteil.) Ich schließe diesen Abschnitt mit einem Zitat (nach Aberconway) des Spruches vom Obelisk von Nebra (er steht heute im Turiner Museum), in dem die Bewunderung der damaligen Ägypter für ihre Katzen zum Ausdruck kommt: «Die wunderbare Katze, die es für immer und ewig geben wird».

Domestikation oder «Selbstdomestikation» in Ägypten?

Es gibt verschiedene Vertreter der «Selbstdomestikationstheorie», der wohl bekannteste unter ihnen ist Paul Leyhausen. Er schreibt, es gäbe keinerlei Beweise dafür, «daß die Lebensweise der Katze und die Aufnahme dieses Tieres ins menschliche Heim zu irgendeinem Zeitpunkt ihrer Geschichte vom Menschen geplant und überlegt gestaltet worden wäre... Mit anderen Worten: Der einzige bestimmende Faktor für die Haustierwerdung der Katze war die Katze selbst... – wenn auch mit der unvorhergesehenen Hilfe des Menschen.»

Das soll folgendermaßen geschehen sein: Die alte ägyptische Kultur beruhte auf dem Anbau und der Lagerung von Getreide, das in besiedelten Gebieten sicherlich beachtliche Mengen von Ratten und Mäusen angelockt und auch ernährt hat. Die in der Nähe von Getreidespeichern lebenden Wildkatzen begannen, sich diese Anhäufung von Beutetieren zunutze zu machen, und schlossen daher Häuser, Dörfer und Tempel allmählich in ihre Streifgebiete ein. Zunächst sollen die Ägypter diese Mausvertilger wegen des großen Nutzens geduldet, später auch gefördert haben (wobei allerdings nicht klar ist, wie sich dies abgespielt haben soll), bis die Beziehung schließlich enger und dauerhaft wurde.

James Serpell ist ein Gegner dieser Theorie, denn sie weist dem ägyptischen Volk eine ungewöhnlich passive Rolle zu. Er schreibt: «Eines der hervorragendsten Merkmale des sozialen und religiösen Lebens der alten Ägypter war aber deren Passion für Tiere. Von den ersten Dynastien an bestand eines der wichtigsten Freizeitvergnügen des Ägypters anscheinend in dem Zähmen und Halten von Tieren, so daß es unwahrscheinlich anmutet, daß ein Volk, das Affen, Paviane, Hyänen, Mungos, Krokodile, Löwen und verschiedene Huftiere zähmte und als Haustiere hielt, ... ausgerechnet die Wildkatzen beiseite gelassen haben soll.»

Ich vermute, daß beide Seiten Recht haben: Es läßt sich leicht vorstellen, daß die Wildkatzen von sich aus den ersten Schritt (die Einschließung der von Beutetieren geplagten menschlichen Ansiedlungen in ihre Reviere) unternommen haben, daß aber die dortigen Bewohner dies sehr aktiv, z.B. durch Futtergaben und Zähmungsversuche an gefangenen Tieren, unterstützt haben. (Ich erinnere hier daran, daß heutige Kenianer mit jung gefangenen afrikanischen Wildkatzen ganz ähnlich verfahren.) Im Lauf der Zeit haben einige dieser gefangenen und zahm gewordenen Tiere sich fortgepflanzt und eine nächste Generation «Versuchstiere» produziert. Leider werden wir wahrscheinlich nie genau wissen, wie dies alles vor sich ging, und wir müssen – und dürfen – einfach die Tatsache akzeptieren, daß die moderne Hauskatze in Altägypten zwar domestiziert wurde, aber auch ihre «Selbständigkeit» beibehalten hat.

4. Von Bastet bis Garfield: eine kurze Geschichte

Die Altägypter versuchten tatsächlich, die Ausbreitung ihrer heiligen Katzen zu verhindern; ins Ausland geschmuggelte Tiere wurden sogar zurückgekauft und repatriiert. Trotzdem gelangten immer mehr Katzen in die Nachbarländer, und dank der großen Anpassungsfähigkeit der Tiere vollzog sich ihre «Eroberung der Welt» im Lauf von weniger als zwei Jahrtausenden. Die Grundzüge der post-ägyptischen Geschichte der Katzen werden in diesem Kapitel geschildert. Detaillierte weitere Angaben sind in den Werken von Fox, Serpell und Tabor zu finden (siehe *Empfohlene Literatur*).

Die Ausbreitung

Den Recherchen von James Serpell zufolge bestanden zwischen Ägypten und Palästina enge Handelsbeziehungen; es ist denkbar, daß die im östlichen Nachbarstaat ansässigen ägyptischen Händler ihre Hauskatzen mit sich nahmen. Archäologen fanden in Lachish eine Katzenplastik aus Elfenbein, die ungefähr aus dem 17. Jahrhundert v. Chr. stammen dürfte. Wahrscheinlich unterhielten die Altägypter auch Seehandelsbeziehungen mit den Minoern auf Kreta; von dieser Zeit zwischen 1500 und 1100 v. Chr. zeugen ein Fresko und ein Katzenkopf aus Terrakotta. (Nach Michael Fox kann nicht mit Sicherheit ausgeschlossen werden, daß die Phönizier selbst – oder in ägyptischen Diensten stehende Phönizier – mit ihren Schiffen für die Ausbreitung der domestizierten Katzen im Mittelmeerraum verantwortlich waren.) Spätestens um 500 v. Chr. gelangte die erste Katze auf das griechische Festland; um diese Zeit entstand auch die erste Marmorskulptur einer Katze (dargestellt ist ihre Begegnung mit einem Hund). Wenig später führten die Griechen Katzen nach Süditalien ein. Aber obwohl die Tiere als «Exoten» anfänglich auf ein gewisses Interesse stießen, wurden sie weder in Griechenland noch in Italien besonders populär. (Eine mögliche Erklärung dafür ist, daß in beiden Völkern damals bereits Iltisse und Frettchen als Schutz vor Ratten und Mäusen gehalten wurden.) Erst später, im 4. Jahrhundert n. Chr., erkannten die Römer die Vorteile von Katzen als Schädlingsbekämpfern.

Inzwischen waren die domestizierten Katzen auch in den

Osten vorgedrungen. Die ersten Anhaltspunkte, die dafür in Indien gefunden wurden, stammen ungefähr aus dem Jahr 200 v. Chr., im Fernen Osten und in China gibt es erst aus späterer Zeit entsprechende Hinweise. Fox berichtet zwar, daß die Katze bereits um 1000 v. Chr. in China und nur wenig später auch in Japan bekannt war, doch bezweifle ich, daß es sich dabei um die domestizierte Form unserer heutigen Hauskatze handelt. Diese Zeitangabe würde nämlich auf eine unabhängige (zweite) Domestizierung im Fernen Osten hindeuten, was nirgendwo belegt ist. Josef und Zdeněk Kratochvíl haben morphologische Untersuchungen durchgeführt und die Schädelformen und Blutkaryotypen (Blutproteine) von Haus-, Perser-, Siam- und Wildkatzen miteinander verglichen. Sie kamen zu dem Schluß, daß gattungsmäßig alle drei domestizierten Formen vom selben Vorfahren abstammen – der Wildkatze (*Felis libyca*). Evolutionsmäßig lassen sie sich jedoch in zwei Linien aufteilen: die afrikanische, zu der auch unsere ersten Hauskatzen zählen, und die asiatische, zu der die Perser und Siamesen gehören. Der Siamese ist zoologisch am weitesten von der afrikanischen Linie entfernt; der Perser weist aber den stärksten Domestikations-, d. h. Zuchteinfluß auf. Die eben genannten Autoren meinen, daß jede der drei Formen eigene Vorfahren auf der Ebene der Unterart hat, was für getrennte Domestikationszentren sprechen könnte. Andere Taxonomen streiten hingegen sogar die Existenz der Unterarten ab. Jedenfalls kommen auch die Kratochvíls zu dem Ergebnis, daß unsere Hauskatzen von den nordafrikanischen Wildkatzen abstammen; historisches Beweismaterial für die Existenz weiterer Domestikationszentren liegt zur Zeit nicht vor.

Wahrscheinlich waren die Römer für die Ausbreitung der domestizierten Katze in Nordeuropa verantwortlich; im Lauf des 11. Jahrhunderts n. Chr. war sie überall in Europa und Asien anzutreffen. Dank ihrer Zähigkeit und Flexibilität konnte sie problemlos auf Schiffen mitgenommen werden, und sie reiste später auch auf den großen Entdeckungsfahrten mit in die Neue Welt.

Schwierige Zeiten

Mit den Siedlungen und Städten entwickelten sich auch die dort lebenden Rattenbestände. Diese Tiere taten sich nicht nur an den Nahrungsmitteln in den Vorratskammern gütlich, sondern verbreiteten auch verschiedene Krankheiten im Zuge ihrer Invasionen. Als natürlicher Feind dieser Nagetiere genoß die Katze bis ins Mittelalter eine stets wachsende Wertschätzung. Nach der ausführlichen geschichtlichen Darstellung des Zusammenlebens von Katzen und Menschen von Roger Tabor hatte das Christentum bis zu dieser Zeit eine positive Einstellung gegenüber Katzen: Sie waren beispielsweise die einzigen Heimtiere, die in Klöstern gehalten werden durften.

Dann traten innere Probleme und Spannungen auf – Vorboten der späteren Reformation – , und die Kirche suchte und fand einen die verschiedenen Stömungen vereinigenden Feind: die Anhänger vorchristlicher Volksreligionen. Dies führte in ganz Europa zu einer tiefgreifenden Veränderung der Einstellung zur Katze. James Serpell schreibt dazu: «Aus dem mehrheitlich wohlwollenden Symbol für Weiblichkeit und Mütterlichkeit in Verbindung mit den Muttergöttinnen Bastet, Minerva, Diana und der nordischen Göttin Freya wurde das pure Gegenteil: bösartige Dämonen, Gesandte des Teufels, heimtückische Begleiter von Hexen und Geisterbeschwörern.»

Katzen waren inzwischen nicht mehr nur als Exoten bei wohlhabenden Personen zu finden, sondern so weit verbreitet, daß auch einsame, alleinstehende Frauen sie als Hausgenossen hielten. Das war für beide Partner dieser Beziehung verhängnisvoll: die Frauen wurden jahrhundertelang als Hexen und die Katzen als ihre dämonischen Begleiter verfolgt, gefoltert und verbrannt. Nach Serpells Untersuchungen glaubte man, daß Hexen auf riesigen Katzen – nicht nur auf Besenstielen – ritten und sich sogar in Katzen verwandeln könnten. Tabor erinnert daran, wie unheimlich es empfindsamen Gemütern scheinen mag, wenn eine Katze mitten in der Nacht durch ein offenes Fenster das Haus verläßt oder Türfallen öffnet – wie überhaupt ihre Eigenwilligkeit und Unabhängigkeit für manche etwas Beunruhigendes hat.

Sowohl Serpell als auch Tabor schildern sehr interessante Einzelheiten, was die Verbindungen zwischen Katzen und Frauen – und Katzen und Hexen – im Mittelalter betrifft. Mehr erfahren Sie aus den jeweiligen Werken der genannten Autoren (siehe Empfohlene Literatur*).*

Diese Feindschaft gegen Katzen hielt sich über mehrere Generationen; festsitzende Meinungen sind eben nur schwer zu ändern und vielleicht noch heute hie und da zu finden. Nach Michael Fox erfolgte der Umschwung zugunsten der Katze schließlich doch im 18. Jahrhundert, als die Invasion der aus dem Osten nach Europa vordringenden Wanderratte (*Rattus norvegicus*) einsetzte. Diese Nager waren noch hartnäckiger und anpassungsfähiger als die einheimischen Ratten (*Rattus rattus*), und die Katze gelangte, als einzige Verbündete gegen die unliebsamen Eindringlinge, zu neuem Ansehen. Obwohl es schon Gifte gab, konnte man sie vielerorts – in Wohnhäusern, Bäckereien, Vorratskammern usw. – nicht einsetzen. Die Preise für gute Rattentöter stiegen enorm. Da die Katze als äußerst sauberes Tier galt (und gilt), war sie geradezu ideal für den Einsatz an solchen Orten geeignet.

Seither ist sie von ihrem Platz in der *Nähe* des Menschen (sie lebt ja *nicht* an seiner *Seite* wie ein Hund) nicht mehr wegzudenken. Harrison Weir organisierte die erste Katzenausstellung der Welt, die am 16. Juli 1871 im «Crystal Palace» in London stattfand; schon damals gab es einige verschiedene «Rassen», Farben und Fellmuster zu sehen.

Langhaarige Katzen mit ihrem charakteristischen Fell, dessen Eigenschaften durch eine natürliche Genmutation hervorgerufen werden, stammen aus Kleinasien, vielleicht aus Persien; solche Tiere fanden schon im 16. Jahrhundert ihren Weg nach Europa. An der ersten Ausstellung konnte man auch einige «Siamesen» bewundern, obwohl sie erst um diese Zeit nach Europa importiert wurden. Die Genmutation, die das für sie typische Farbmuster hervorruft, ereignete sich etwa um das Jahr 1500 n. Chr. in Südostasien. Aus dieser Zeitperiode stammen Beschreibungen dieser Fellfarbmuster, die in Ayudha ihren Ursprung haben – der damaligen Hauptstadt Siams, das heute Thailand heißt. Aber erst seit etwa 150 Jahren gibt es die moderne, systematische Zucht verschiedener Rassen, die wir in Kapitel 16 kritisch betrachten werden.

Katzen in der heutigen Gesellschaft

Domestizierte Katzen sind heute überall anzutreffen, wo es Menschen gibt (oder gab): von den Alphütten hoch in den Bergen bis zu den Südseeinseln; von den Ruinen in Ägypten und Rom (siehe Bildteil) bis zu den Forschungsstationen im Polareis; von den materiell reichsten bis zu den ärmsten Ländern dieser Welt. Und sie spielen in der Gesellschaft immer noch ihre beiden ursprünglichen Rollen – nämlich die des Schädlingsbekämpfers und die des Gefährten der Menschen.

Obwohl zuverlässige Zahlen nur für die westliche Welt sowie für Australien und Japan existieren (dank moderner Marktforschung), ist es für viele Zeitgenossen immer noch erstaunlich, wie verbreitet die Haltung dieser Tiere ist. Statistische Zahlen (aus dem Jahr 1987) für die meisten westeuropäischen Länder sowie für Nordamerika sind der *Tabelle 1* zu entnehmen. Im Durchschnitt beherbergen etwa 20 % *aller* westlichen Haushalte mindestens eine Katze – viele davon sogar noch mehr. In mehreren Ländern hat die Katze neuerdings den Hund vom ersten Platz auf der Rangliste der Popularität verdrängt.

Tabelle 1: *Geschätzter Bestand an Hunden und Katzen im Jahr 1987**

Land	Hunde	Katzen
USA	46 400 000	48 000 000
Großbritannien	6 573 000	6 266 000
Italien	5 300 000	6 100 000
Frankreich	8 700 000	5 900 000
Kanada	3 133 000	4 150 000
BRD	3 300 000	3 900 000
Australien	2 700 000	2 600 000
Niederlande	1 500 000	1 600 000
Belgien	1 400 000	1 400 000
Österreich	500 000	1 000 000
Schweiz	461 000	869 000**
Schweden	700 000	800 000
Dänemark	700 000	600 000
Norwegen	310 000	350 000

* Quelle: Information Services International (I.S.I., 1988).
** Jüngste Zahl für die Schweiz: 920 000 Katzen.
Quelle: Effems Beratung für Kleintierhaltung, Zürich.

Oft begegnet man der irrtümlichen Ansicht, Katzen seien nur etwas für alleinstehende ältere Damen. Zeitungsreportagen, in denen berichtet wird, daß aus den oft sehr kleinen Wohnungen solcher Personen zahlreiche Katzen durch Tierschutzvereine abgeholt weden, verstärken diesen Eindruck. Aber exakte Daten beweisen das Gegenteil. Zum Beispiel konnten Peter Messent und Steve Horsfield 1981 anhand der Zahlen für Großbritannien zeigen, daß sich der Prozentsatz der Haushalte mit Katzen wie in *Tabelle 2* verteilt.

Tabelle 2: *Prozent der Haushalte in Großbritannien (1981) mit Katzen, nach Lebensstil aufgeschlüsselt*

Daten-Typ %	jung, allein-stehend	junges Paar (−45)	junge Eltern (−45)	ältere Eltern (45+)	älteres Paar (ar-beitend)	älteres Paar (65+)	älter, alleinst. (45+)
Roh-Daten	17	25	21	31	17	8	7
statistisch aufbereitet	14	28	19	30	18	10	8

Ebenfalls konnten sie zeigen, daß mit der Größe der Haushalte (d. h. je mehr Kinder vorhanden waren) auch der Prozentsatz der Haushalte zunahm, die eine Katze besitzen. Katzen sind demzufolge nicht als ein Kinderersatz zu betrachten, sondern vielmehr als ein typisches Familientier. Damit will ich aber nicht sagen, daß sie als Gefährten für ältere, alleinstehende Personen nicht oder weniger bedeutsam sind; im Gegenteil sind sie oft das Wichtigste im Leben dieser Menschen, vor allem dann, wenn keine jüngeren Familienmitglieder in der Nähe wohnen. Wir sollten daher das weitverbreitete Verbot, an sich problemlos zu haltende Heimtiere ins Altersheim mitzunehmen, gründlich überdenken. Aber mehr zu diesem Thema in Kapitel 15 ...

Vielen Leuten ist es vielleicht noch gar nicht aufgefallen, welch bedeutende Rolle «die Katze» heute in unserem täglichen Leben spielt. Es gibt nicht nur mindestens ein lebendes Tier in jedem 5. Haushalt, sondern es ist kaum möglich, einen Spaziergang zu machen, ohne Hauskatzen im Freien anzutreffen, oder eine Autofahrt zu unternehmen, ohne mausende Katzen auf den Feldern zu sichten. Auch Menschen in aller Welt, die selbst keine Katze besitzen, werden täglich bei der Lektüre ihrer Tageszeitung von «Kater Garfield» unterhalten; er ist nahezu überall bekannt, und wenn wir keiner lebendigen Katze begegnen, grinst jedenfalls er uns vom Fenster des nächsten Autos an.

Auch aus der bildenden Kunst, der Musik und der Literatur sind Katzen nicht wegzudenken. Diese Tiere erscheinen in Kunstwerken von Dürer, da Vinci, Brueghel, Goya, Hogarth, Le Mercier, Boucher, Chardin, Renoir, Manet, Steinlen, Mind, Ronner, Wain, Utamaro, Koryusai, Picasso, und Giacometti – um nur einige zu nennen. Und wer hat Gioacchino Rossinis «Katzenduett» noch nie gehört? Eines der erfolgreichsten Musicals aller Zeiten ist Andrew Lloyd Webbers «CATS», dem «Old Possums Katzenbuch» von T.S. Eliot zugrunde liegt. (Ich hatte das Glück, die Aufführung dieses Musicals durch die *Cameron Mackintosh/Really Useful Theatre Company* im *New London Theatre* erleben zu dürfen. Ich ging mit gemischten Gefühlen in die Vorstellung, denn ich befürchtete, es würde kitschig sein und weder T.S. Eliot noch den Katzen Ehre machen. Doch kann ich Ihnen heute nur raten: Falls eine gute Inszenierung der «CATS» in Ihrer Nähe zu sehen ist, so besorgen Sie sich Karten! T.S. Eliot hat in seinem Werk die verschiedenen Persönlichkeiten unserer Hauskatzen dichterisch *korrekt* erfaßt, und Webbers dazu komponierte Musik charakterisiert ihren jeweiligen Lebensstil *perfekt!*)

Katzen treten aber auch in der älteren klassischen Literatur in Erscheinung. Die Liste von Fabeln und Märchen mit Katzen ist sehr lang. Denken Sie an die Geschichte von Dick Whittington und seiner Katze, an Äsops Fabeln, an Charles Perraults «Der gestiefelte Kater», an Edward Lears «The Owl and the Pussy Cat», an Lewis Carrolls Cheshirekatze in «Alice im Wunderland». Weitere berühmte Autoren haben sich ebenfalls von der Katze beeinflussen oder bezaubern lassen, so der Franzose Victor Hugo, der Deutsche E.T.A. Hoffmann, der Engländer Geoffrey Chaucer sowie die Amerikaner Edgar Allan Poe und Samuel Clemens, alias Mark Twain.

Heute befindet sich vor allem die westliche Welt in einer regelrechten Welle der «Katzomanie». Katzenliebhaber finden absolut alles für ihre Katzen – oft auch nutzlose Sachen; viele kaufen *alles*, was mit einem Katzenmotiv verziert ist, von der Papierserviette und dem Serviertablett bis zum Geschirr, den Kleidern und der Bettwäsche! In Paris habe ich einen Laden besucht, in dem ausschließlich Katzenartikel für Menschen zu kaufen waren. In Riehen bei Basel in der Schweiz leitet Rosmarie Müller das erste Katzenmuseum der Welt, eine wahre «Schatztruhe» für interessierte Personen (siehe Bildteil; auch ich habe eine bescheidene Sammlung kleinerer Katzen aus verschiedenen Materialien.) Und wie bereits erwähnt, sind die Regale in vielen Buchhandlungen mit populären Katzenbüchern der unterschiedlichsten Qualität fast überfüllt.

Ja, die Katze hat tatsächlich schon die Welt und insbesondere unsere Herzen erobert. Es ist zu hoffen, daß das Pendel nicht noch einmal so extrem wie im Mittelalter zu Ungunsten der Katze ausschlägt. Doch wird es kaum dazu kommen, wenn wir daran denken, daß es sich bei der Katze nicht nur um einen Gefährten und Begleiter des Menschen, sondern auch um ein Tier mit eigenen Bedürfnissen handelt.

Katzen, zoologisch betrachtet

5. Körperentwicklung und Körperbau

In diesem und den beiden danach folgenden Kapiteln werden wir unsere Katzen unter zoologischem Aspekt betrachten. Zuerst verfolgen wir ihre normale Körperentwicklung vom embryonalen Zustand bis zur Geschlechtsreife; dann wenden wir uns einigen Merkmalen ihres Körperbaus zu, die für ihr Verhalten eine besondere Rolle spielen. In diesem Kapitel stütze ich mich vor allem auf die Arbeiten von Martin und Bateson sowie die Studien von Deag, Manning und Lawrence (siehe *Empfohlene Literatur*).

Die normale Entwicklung

Die hier angegebenen Zeitpunkte und Zeiträume entsprechen den Normen für Hauskatzen. Sollte ausgerechnet Ihre Katze eine Ausnahme von der Regel machen, brauchen Sie sich jedoch nicht unbedingt zu beunruhigen, da insbesondere reinrassige Tiere sich oft schneller, manchmal aber auch langsamer als andere entwickeln.

Die Tragzeit der Katze dauert normalerweise etwa 63 Tage; da das Weibchen im Lauf von ein paar Tagen mehrmals von einem (oder mehreren) Männchen begattet wird (siehe Kapitel 8), ist es oft schwierig, den genauen Geburtstermin festzustellen. Schon etwa fünfeinhalb Wochen vor der Geburt wird der Tastsinn des Fötus aktiv. Wie bei den meisten Wirbeltieren entwickelt sich zuerst das Tastsystem, dann das vestibuläre oder Gleichgewichtssystem, später das Hörsystem und zuletzt das visuelle System. Jungkatzen orientieren sich in den ersten zwei Lebenswochen hauptsächlich anhand thermischer Reize (Körperwärme der Mutter), durch den Tastsinn und an Geruchseindrücken. Obwohl sich ihre Augen in der Regel zwischen dem 7. und 14. Tag öffnen (und sie dann erstmals ihre Mutter sehen), können sie sich bis zur 2. Lebenswoche auch mit Hilfe des Gehörs orientieren. Reaktionen auf Geräusche kann man schon ab dem 5. Tag beobachten. Bis zur 3. Woche ist der Geruchssinn (der seit der Geburt aktiv ist) perfektioniert, gibt es erste Ansätze zur selbständigen Regu-

lierung der Körpertemperatur, und die Mutter kann optisch loka-
lisiert werden. Die ersten Gehversuche finden etwa ab der 2.,
manchmal aber erst in der 3.Woche statt; bis zu dieser Zeit sind
die Beinbewegungen eher unbeholfen-rudernd. Nun erst können
die Kätzchen ihrer Mutter über kurze Strecken nachfolgen und
sich ein wenig vom Nest entfernen, wobei das visuell gesteuerte
Aufsetzen der Pfoten und das Umgehen eines Hindernisses erst
ab dem 25. bis 35. Tag zu beobachten sind.

Die ersten Zähne brechen zwischen der 2. und 5. Lebenswoche
durch, und erste Versuche, feste Nahrung aufzunehmen, erfolgen
normalerweise zwischen der 4. und 6. Woche. Bis zur vollendeten
4. Lebenswoche können die Jungkatzen den Körper perfekt aufrichten, und der Hörsinn ist vollständig ausgebildet. Zwischen
der 4. und 5. Woche ist ihr Koordinationsvermögen so weit entwickelt, daß sie rennen und erste Fangversuche (mit kleinen Beutetieren, die von der Mutter herbeigeschafft werden) unternehmen können. Die Entwöhnung findet meist zwischen der 4. und
8. Woche statt, obwohl Jungkatzen oft viel länger saugen und die
Phase des sozialen Lernens (auch von der Mutter) bis dahin noch
nicht abgeschlossen ist.

Der «Stellreflex beim freien Fall» wird im Lauf der 5. und 6.
Lebenswoche vollständig ausgebildet; damit ist die Fähigkeit gegeben, den Körper in der Luft umzudrehen und auf allen vier
Pfoten zu landen. Etwa ab der vollendeten 6. Woche bewegen
sich die Jungkatzen in ähnlicher Art wie die erwachsenen Tiere,
ab der 7. Woche gleichen auch Thermoregulation und Schlafmu-
ster immer mehr denen der ausgewachsenen Katzen. Die Bewe-
gungskoordination ist bis Ende der 11. Lebenswoche voll entwik-
kelt.

Das durchschnittliche Geburtsgewicht, das natürlich sehr von
der Größe des Wurfs abhängt, liegt bei ca. 100–110 Gramm –
etwa drei Prozent des späteren Erwachsenengewichts. Aber das
Gehirn einer neugeborenen Katze wiegt schon 20 % seines Erwachsenengewichts, das mit etwa drei Monaten erreicht wird. Bei
kleinen Würfen (unter vier Exemplaren) sind die individuellen
Gewichtsunterschiede sehr gering; mit zunehmender Wurfgröße
(ab fünf Exemplaren) werden die einzelnen Tiere im Schnitt
leichter und die Gewichtsunterschiede größer. Natürlich produziert eine Mutter mit mehr Jungen auch mehr Milch – jedoch
nicht proportional. Demnach steht bei großen Würfen weniger

Milch pro Jungtier zur Verfügung als bei kleineren Würfen, und die Jungtiere nehmen daher langsamer an Gewicht zu.

Außerdem tendieren leichtgewichtige Muttertiere dazu, leichtere Junge zur Welt zu bringen, während die Jungen schwergewichtiger Mütter meist ebenfalls schwerer sind. Doch bis zur 8. Lebenswoche können die meisten leichtgeborenen Tiere ihr Gewicht dem Durchschnitt anpassen. Junge Kater und Katzen sind bis zum Alter von etwa 8 Wochen fast gleich schwer; erst nach diesem Alter (d.h. nach der Entwöhnung) legen die Kater mehr an Gewicht zu als die Katzen.

Frühestens mit dreieinhalb Monaten (oft erst später) werden die Milchzähne durch die zweiten Zähne ersetzt. Mit 7 bis 12 Monaten werden die jungen Weibchen geschlechtsreif, die Kater mit 9 bis 12 Monaten – was nicht unbedingt bedeutet, daß sie dann auch gleich Zugang zu freilaufenden Weibchen haben (siehe Kapitel 10). Katzen wachsen während der ersten 7 Monate ziemlich kontinuierlich (Kater noch etwas länger), danach etwas langsamer, und erreichen ihr Endgewicht mit ca. 12 Monaten; erwachsene Weibchen wiegen durchschnittlich 2,7 Kilogramm, Kater etwa 4,1 Kilogramm. Besonders freilaufende Kater können bis zum 3. Lebensjahr an Körpergewicht zunehmen. Natürlich gibt es Tiere, die entweder aufgrund ihrer (genetisch bedingten) Konstitution oder ihrer (ernährungsbedingten) Kondition leichter oder schwerer sind als der Durchschnitt; aber Hauskatzen sind oft infolge von Überfütterung, nicht wegen einer längeren Wachstumsphase schwerer!

Besondere Merkmale des Körperbaus der Katze

Katzen sind fleischfressende Jäger, und viele Aspekte ihrer Körpermorphologie reflektieren diese Lebensweise. Ihr Kiefer ist relativ kurz und besitzt nur 30 Zähne – 16 oben, 14 unten –, aber alle sind perfekt für den «Tötungsbiß» (siehe Kapitel 11) und das Schneiden von Fleisch geformt. Katzen können nicht richtig kauen; sie benutzen ihre oberen und unteren Backenzähne wie eine Schere, um das Fleisch zu zerkleinern; sie zermalmen es also nicht. Der Kiefer weist auch gut entwickelte Verankerungspunkte für seine starke Muskulatur auf.

Als Jägerin muß die Katze extrem schnell und flexibel sein; ihr Skelett mit seinen 244 Knochen und der mit mehr als 500 Muskeln ausgestattete Körper erlauben äußerst geschmeidige und flinke Bewegungen. Katzen (wie auch Hunde) gehen auf ihren Zehen; diese Fortbewegungsart ist für jagende Tiere besonders vorteilhaft, da sie große Geschwindigkeit mit Stabilität kombiniert. Zudem gestatten die verhältnismäßig kurzen Schlüsselbeine die freie Bewegung der Schulterblätter und der vorderen Extremitäten. Dies, in Verbindung mit dem schmalen Brustkorb, ermöglicht das präzise Manövrieren zwischen Objekten und die sichere Fortbewegung auf engstem Raum, z. B. auf Baumästen oder einem schmalen Fenstersims.

Obwohl viele Gelenke der Katze auf optimale Bewegungsfreiheit angelegt sind, ist die Geschmeidigkeit dieses Tieres doch größtenteils auf sein extrem flexibles Rückgrat zurückzuführen. Auch Katzen haben die «stoßdämpfenden» Bandscheiben zwischen den Rückenwirbeln; aber die einzelnen Wirbel sind lockerer miteinander verbunden; dies führt insgesamt zu größerer Beweglichkeit. Welche anderen Wirbeltiere können ihren Körper zu einem «Katzbuckel» biegen, zu einem Kreis schließen und schlafen oder mit der vorderen und hinteren Hälfte der Wirbelsäule einen Winkel von 180 Grad bilden?

Katzen können bekanntlich ausgezeichnet springen und klettern. Die hintere Partie der Katze ist weniger auf Beweglichkeit ausgelegt; sie ist vielmehr eher eine Art Kraftzentrum für das Rennen und Abspringen.

Katzen können mühelos das Fünffache ihrer Körperhöhe erspringen, und zwar ohne vorherigen Anlauf! Das Hinunterspringen fällt ihnen nicht immer so leicht; sie können jedoch Tiefen ausgezeichnet abschätzen. Oft lassen sie den vorderen Teil des Körpers vor dem Absprung vorsichtshalber ein wenig «hinunterkriechen» oder sie versuchen eine Zwischenlandung bei eher waagrechtem Sprung. Nach einer besonders harten Landung schütteln und lecken sie oft ihre Pfoten. Obwohl Katzen sich im freien Fall aufrichten und auf allen Vieren landen können, haben Sprünge aus großer Höhe häufig Beinbrüche oder Bänderrisse zur Folge.

Die Krallen, deren Spitzen nach hinten gerichtet sind, helfen der Katze beim Hinunterklettern kaum, es sei denn, sie dreht sich um und kriecht rückwärts hinunter. Wenn sie einen Baum oder Holzpfahl hinaufklettert, benutzt sie die Krallen aller vier Pfoten; sie werden dann nach vorne geschoben, während sie im Normalfall automatisch zwischen die Zehen zurückgezogen werden.

Ausgefahrene Krallen gestatten schnelle Richtungsänderungen beim Rennen und werden auch bei sozialen Interaktionen und beim Beutefang eingesetzt.

Die Zunge der Katze ist ein fantastisches Werkzeug. Sie ist übersät mit relativ harten, nach hinten (zur Speiseröhre) gerichteten «Ministacheln», die für das Transportieren und das Bearbeiten des Futters, die Aufnahme von Wasser (oder heutzutage das Auflecken von Milch) und die außerordentlich wichtige tägliche Fellpflege sehr nützlich sind. Die Katzenzunge ist für die Schönheitspflege genau so gut geeignet wie eine teure Bürste. Es werden nicht nur lose Haare aus dem Fell entfernt, sondern gleichzeitig wird ein wichtiger Nährstoff aufgenommen – Vitamin D! Die kleinen, mit den Haarwurzeln in Verbindung stehenden Talgdrüsen produzieren eine ölhaltige Substanz, die den Haaren einen gewissen «Feuchtigkeitsschutz» bietet und dem Fell seinen Glanz verleiht. Außerdem enthält dieses Sekret Cholesterol, das durch Sonnenlicht in Vitamin D umgewandelt wird.

Das Fell ist also nicht nur eines der schönsten Attribute der Katze, sondern hat eine enorm wichtige Schutzfunktion: Es schützt das Tier vor zu großem Wasserverlust, vor Körperverletzungen, vor zu starker Sonneneinstrahlung, vor Wärme und Kälte. Kleine Muskeln können die Haare aufstellen und dadurch die isolierenden Eigenschaften des Fells verändern. Wenn das Tier verängstigt oder aggressiv ist, erweckt der gleiche Vorgang – das Sträuben der Haare – den Anschein eines größeren Körpers.

Unter dem Fell der Katze finden sich verschiedene Drüsen. Die reichlich vorhandenen kleinen Talgdrüsen wurden eben erwähnt. Weitere kleine Drüsen befinden sich in der Kinngegend, zwischen den Augen und Ohren und am Ansatz des Schwanzes. Die Düfte der aus ihnen abgesonderten Sekrete sind im Sozialleben der Katze sehr wichtig (siehe Kapitel 7, 10 und 14). Außerdem haben sie an den Pfoten «Schweißdrüsen», die für die feuchten Fußabdrücke einer Katze an heißen Tagen (oder die Spuren einer verängstigten Katze) verantwortlich sind.

Im nächsten Kapitel, dessen Thema die genetischen Merkmale sind, kommen wir nochmals auf das prachtvolle Fell der Katze zu sprechen, und zwar im Zusammenhang mit der Vererbung von Farben und Mustern. Weitere Aspekte des Körperbaus werden in Kapitel 7 besprochen, wenn wir die scheinbar «übersinnlichen» Fähigkeiten unserer Hauskatzen unter die Lupe nehmen.

6. Genetische Merkmale

Hier ist sicher nicht der richtige Ort, um einen Grundkurs in Genetik abzuhalten. Ich empfehle Ihnen daher, das Katzenbuch von Rosemarie Wolff zur Hand zu nehmen, in dem die Grundzüge und Grundbegriffe ausgezeichnet dargestellt sind. Auch über die Vererbung von Fellfarben, Fellmuster, Haarlänge und Farbverteilung weiß man heutzutage gut Bescheid; all dies wird in dem Buch von Michael Wright und Sally Walters anhand von wunderschönen Zeichnungen erklärt (siehe *Empfohlene Literatur*). An dieser Stelle möchte ich auf einige sehr interessante genetische Merkmale eingehen, die auch häufig Anlaß für Fragen sind.

Zwei relativ weit zurückliegende Genmutationen sind in diesem Zusammenhang zu erwähnen: die rezessiven Mutationen für das lange Haar (l) und die für das typische Farbmuster des Siamesenfells (c^s). Die Mutation des dominanten Gens für normale (kurze) Haarlänge (L) fand vor über 400 Jahren in Kleinasien statt und kommt bei den «Angora»- und «Van»-Katzen in der Türkei sowie bei den klassischen Perserkatzen deutlich zum Tragen. Schon im 16. Jahrhundert wurden die langhaarigen Katzen, wahrscheinlich über Italien, nach Frankreich und England eingeführt. Der Umstand, daß nicht alle langhaarigen Katzen die gleichen Felleigenschaften (z.B. Dichte des Unterfells) aufweisen, ist auf andere beteiligte Gene zurückzuführen; man spricht hier von Polygenie. Die sogenannte siamesische Genmutation, die sich nicht nur bei der Siamesenrasse auswirkt, liegt ebenfalls weit zurück; wie schon in Kapitel 4 erwähnt, finden sich Zeichnungen solcher Katzen in den Manuskripten von Ayudha, doch erst einige Zeit später (1793) werden sie in Rußland erwähnt. Der Haupteffekt dieser Genmutation besteht in einer Reduktion der Pigmentstoffe in den Haaren und Augen. Die Menge des Pigments, die jeweils produziert wird, hängt von der Temperatur ab – je tiefer die Temperatur, desto mehr Pigment. Da bei der Katze die Ohrmuscheln, das Gesicht, die Pfoten und der Schwanz etwas kühler sind als der Rest des Körpers, wird an diesen Stellen (den «Points») mehr Pigment produziert; dort wachsen daher dunklere Haare. Junge Siamesen, die in einem kühleren Klima oder in kühleren Jahreszeiten aufwachsen, sind ebenfalls am ganzen Körper etwas dunkler gefärbt.

Eigentlich bestimmen nur relativ wenig Gene (in verschiedenen

Kombinationen) die Farben und Eigenschaften des Fells, im Verhältnis zu den viele Tausenden von Genen gesehen, durch die der Bau des Körpers und dessen Funktionieren festgelegt ist. Nur etwa zwölf Genmutationen (in mehreren Kombinationen) sind für die bei Katzen so große Vielfalt der Fellfarben verantwortlich; außerdem kennt man etwa fünf Mutationen, die sich auf die Beschaffenheit des Fells auswirken. Farbe und Beschaffenheit des Fells werden unabhängig voneinander vererbt, so daß man bei allen Fellarten sämtliche Farbvarianten antreffen kann. Natürlich haben die Katzenzüchter ihr Interesse auf diese etwa zwanzig Mutationen konzentriert, die das Aussehen der Katze in erster Linie beeinflussen. Manchmal haben jedoch solche Mutationen auch nachteilige Nebenwirkungen. So ist beispielsweise ein gewisser Prozentsatz der Katzen, die das dominante Gen für weiße Fellfarbe (W) tragen, taub; insbesondere sind blauäugige Tiere betroffen. Die «Siamesenmutation» verursacht «falsche» Nervenverbindungen zwischen den Augen und dem Gehirn; dadurch wird das dreidimensionale Sehvermögen beeinträchtigt. Manche Siamesenkatzen kompensieren diesen Defekt durch Schielen. Andere Mutationen hätten noch verheerendere Auswirkungen, wenn sie nicht schon in der Gebärmutter zum Tod des Embryo führen würden.

Wir sollten nicht vergessen, daß die heutigen Katzenzüchter mit den in der Natur vorkommenden (oder vorgekommenen) Genmutationen arbeiten und diese Mutationen nicht selber herbeigeführt haben. Einige Mutanten, die im Freiland nicht unbedingt durch die natürliche Selektion am Leben gehalten worden wären, haben sie jedoch durch die künstliche Selektion gefördert. Die Katzenzucht ist relativ jung, und es ist zu hoffen, daß so anfällige Rassen und extreme Züchtungen mit negativen Auswirkungen, wie wir sie schon von den Hunden her kennen, niemals populär werden. Die Verantwortung liegt bei Ihnen – entweder als dem Züchter oder dem potentiellen Abnehmer solcher Tiere.

Die «Orange»-Mutation (O), die bei rot- und schildpattfarbenen Tieren mitwirkt, ist aus verschiedenen Gründen besonders interessant: Diese Mutation ist gegenüber den normalen Farben dominant; (o), der Wildtyp, ist jedoch ein «geschlechtsgebundenes» Gen. Das Chromosomenpaar XY bestimmt das Geschlecht eines Tieres, wie aus der nachstehenden Abbildung ersichtlich.

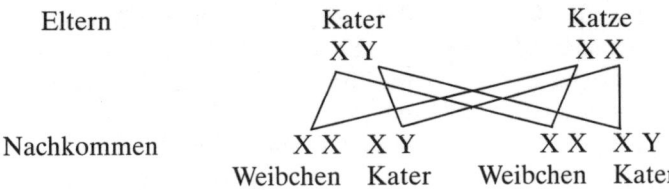

Eltern	Kater X Y		Katze X X	
Nachkommen	X X Weibchen	X Y Kater	X X Weibchen	X Y Kater

Das Gen O für die rote Farbe liegt auf dem X-Chromosom; Kater können demzufolge normalerweise nur ein O tragen, doch dies genügt, um ein rotes Fell zu produzieren. Weibchen müssen jedoch auf beiden X-Chromosomen das O-Gen tragen, um ein ganz rotes Fell zu bekommen; falls sie auf dem einen X-Chromosom ein O haben und auf dem anderen ein o, so ergibt dies die Schildpattfärbung – ein rot, hellrot und schwarz geflecktes Fell. Schildpattfarbene Kater gibt es nur selten, bei einem anomalen Chromosomensatz (XXY), und sie sind fast immer unfruchtbar.

Durch die Analyse der Häufigkeit verschiedener Gene in diversen Katzenpopulationen kann man einiges in Erfahrung bringen. Zum Beispiel wurde auf diese Weise herausgefunden, daß das O-Gen in Asien seinen Ursprung hat (es kommt in Indien, Südostasien und Japan besonders häufig vor) und langsam nach Westen vordringt; oder daß die Mutation des normalen (gestreiften) Tabby-Gens (T) zu dem gestromten («blotched») Tabby (t^b) wahrscheinlich zur Zeit von Elisabeth I. in England stattfand und sich von dort aus in die überseeischen Kolonien und entlang den Binnenschiffahrtsstraßen, der Seine und der Rhône, in Europa ausbreitete.

Ich höre immer wieder von Personen, die an der Überzeugung festhalten, Katzen einer bestimmter Farbe besäßen bestimmte Persönlichkeitsmerkmale. Obwohl dies keineswegs auszuschließen ist, gibt es doch auch noch keine Beweise dafür (vielleicht können Ihre Beobachtungen uns helfen, diese Frage zu klären; siehe auch Kapitel 23). Nicht einmal die so oft erwähnten Verhaltensunterschiede zwischen den einzelnen reinen Rassen sind bis heute wissenschaftlich bestätigt worden! Die Beschreibungen der Charakterzüge einiger Rassen (z. B. der «trägen» Perser und der «hyperaktiven» Siamesen) stimmen jedoch so weitgehend überein, daß sicher ein genetischer Einfluß anzunehmen ist; dies schließt aber die Beteiligung von Umwelteinflüssen keinesfalls aus. Es wäre denkbar, daß die ruhigen Perser von ihren Besitzern von klein auf anders behandelt wurden oder wegen ihres langen (und warmen) Pelzes weniger aktiv sind.

Wir wissen leider sehr wenig über die genetischen Einflüsse auf das Verhalten höherer Säugetiere, zu denen natürlich auch die Katze gehört. Aber wir können uns auf einige Überraschungen gefaßt machen, wenn weitere Studien (hoffentlich auch unsere Arbeit über die türkischen Van-Katzen) veröffentlicht werden. Wie bereits kurz erwähnt, sorgte vor relativ kurzer Zeit eine Entdeckung für ziemlich großes Aufsehen in der Presse: Zusammen mit Kollegen von der Cambridge University in England stellten wir fest, daß die Gene des Katers einen Einfluß auf das haben, was wir bei Jungkatzen als «Freundlichkeit gegenüber Menschen» bezeichnen. Wie die Gene das bewirken (ob direkt, was weniger wahrscheinlich ist, oder indirekt), ist noch nicht geklärt, aber der «Vatereffekt» stand in beiden Katzenkolonien – in Zürich wie auch in Cambridge – statistisch einwandfrei fest. Bei den Katzen in Zürich, jedoch nicht bei den Tieren in Cambridge, beobachteten wir im Hinblick auf diese Charaktereigenschaft zudem auch einen «Muttereffekt»; da aber die Jungtiere zusammen mit ihren Müttern aufwuchsen, konnten wir leider nicht mit Sicherheit sagen, ob dieser Effekt genetisch oder durch die Umwelt bedingt war. Sehr wahrscheinlich spielen sowohl das Erbgut als auch die umweltbedingten Erfahrungen einer Jungkatze eine große Rolle bei der Entwicklung ihres Verhaltens und ihrer Persönlichkeit.

7. Sinnesleistungen

Das Verhalten, das wir bei unseren Hauskatzen beobachten, ist oft eine Reaktion auf irgendwelche Umweltreize; solche Stimuli werden mittels eines oder mehrerer Sinnessysteme wahrgenommen. Die Leistungen einiger Sinne der Katzen sind sehr beeindruckend und so außergewöhnlich, daß wir dazu neigen, diesen Tieren «übernatürliche» Fähigkeiten zuzuschreiben; die Leistungen anderer Sinne liegen durchaus im Bereich des für Säugetiere Normalen. In diesem Kapitel wollen wir die Tast-, Gehör-, Seh-, Geruchs- und Geschmackssysteme der Katze näher betrachten. Wir werden sehen, daß sich zumindest einige der erstaunlichen Leistungen dieser Tiere (z.B. ihr «Frühwarnverhalten» vor einem Erdbeben oder einem Bombenangriff) durch den Einsatz ihrer «normalen» Sinne ohne weiteres erklären lassen.

Der Tastsinn

Der Tastsinn, der mindestens fünf Qualitäten – leichter oder schwerer physischer Druck, Wärme, Kälte und Schmerz – erfaßt, ist nicht deutlich weiter entwickelt als bei den meisten Karnivoren. Die Kopfgegend und die Pfoten sind jedoch besonders empfindlich.

Die Nervenrezeptoren an der haarlosen Nasenspitze der Katze registrieren Wärme und Kälte (einschließlich der Temperatur ihres Futters). Obwohl die übrige Körperhaut auch Temperaturrezeptoren aufweist, ist die Kopfgegend am empfindlichsten. Wegen der geringeren Sensibilität der übrigen Rezeptoren reagieren Katzen oft zu spät und versengen sich das Fell, wenn sie auf einen für menschliche Begriffe zu heißen Kochherd springen und sich dort sogar hinsetzen. Tastrezeptoren auf der Zunge haben im Zusammenhang mit dem Geschmacks- und Geruchsempfinden besondere Bedeutung (siehe unten).

Die steifen Schnauz- oder Schnurrhaare (*Vibrissae*) der Katze sind für ihr tägliches Leben enorm wichtig. Sie sind besonders tastempfindlich und werden u.a. beim Erkunden von Objekten aus der Nähe eingesetzt. Alle Katzen, nicht nur die mit schlechten Augen, brauchen in der Dämmerung und in der Nacht die zusätzliche sensorische Information, die ihre Tasthaare ihnen liefern, um sich auch dann noch geschickt fortbewegen zu können.

Die Schnauzhaare sind ebenfalls für Vibrationen und feine Luft-
strömungen empfänglich. Dies erklärt, weshalb die Katze auch in
vollständiger Dunkelheit um Objekte herummanövrieren kann.
Sowohl die Schnauzhaare wie auch die verlängerten Haare ober-
halb der Augen schützen das Tier vor Augenverletzungen, denn
sie stoßen zuerst an ein Objekt (z. B. einen Ast) und lösen ein
Blinzeln aus. Während sie ein Objekt erkundet, richtet die Katze
ihre Schnauzhaare nach vorne; ein bedrohtes Tier legt sie flach
am Gesicht entlang zurück. Es ist denkbar, aber nicht erwiesen,
daß auch die Artgenossen dies beim Abschätzen der Laune einer
Katze mitberücksichtigen.

Katzenpfoten sind besonders tastempfindlich, vor allem die
haarlosen Fußballen. Sie werden eingesetzt, um Oberfläche,
Größe und Form eines Objekts zu untersuchen. Zuerst strecken
Katzen eine Pfote nach vorne und berühren das Objekt leicht
und kurz; dann wenden sie mehr Druck an, und schließlich
kommt auch ihre Nase ins Spiel. Durch die Rezeptoren an den
Fußballen fließen, während sich die Katze bewegt, laufend Informationen über die Körperstellung zum Gehirn. Ob die ruhende
Katze tatsächlich mittels ihrer Pfoten Schwingungen wahrnimmt
– also mit ihren Füßen «hört», wie einige Autoren behaupten –,
ist nicht sicher. Allenfalls könnte dies erklären, wie Katzen Erdbeben «voraussagen» können: Meistens gibt es kurz vor einem
Hauptbeben viele kleinere, von den Menschen kaum wahrnehm-
bare Erdstöße; diese werden jedoch von der Katze registriert,
und das Tier verläßt beunruhigt und aufgrund seines gesteigerten
Aktivitätsniveaus ein Gebäude, in dem es sich vielleicht gerade
aufhält.

Der Gehörsinn

Für einen Jäger, der auf kleine, im Gras versteckte, leise piepsen-
de Nagetiere spezialisiert ist, hat das Gehörsystem enorme Bedeutung. Und die Hörfähigkeit der (wenigstens ursprünglich)
nachtaktiven Katzen übertrifft nicht nur bei weitem die des Menschen, sondern in mancher Hinsicht auch die des Hundes.

Versuche haben gezeigt, daß Katzen besser zwischen zwei nahe
beieinanderliegenden Geräuschquellen unterscheiden können als
Menschen oder auch Hunde. Ebenfalls können sie die Höhe
eines Geräusches über dem Boden und seine Entfernung besser
abschätzen als Hunde, deren ausgezeichneter Gehörsinn ja be-

kannt ist. Katzen können zwei hintereinanderliegende Geräuschquellen unterscheiden und die weiter entfernte Quelle genau lokalisieren und verfolgen. Dies ermöglicht der Katze auch in völliger Dunkelheit erfolgreiche Sprünge nach einer Beute. Beim Lokalisieren der Geräuschquellen spielen auch die relativ großen Ohrmuscheln, die unabhängig voneinander von über 20 Muskeln bewegt werden, eine Rolle.

Aber auch die Frequenzempfindlichkeit des Katzenohrs ist um einiges größer als die der Hunde oder des Menschen. Der Mensch hört normalerweise Töne, die etwa zwischen 20 Hertz und 17 bis 20 Kilohertz liegen. Im höheren Frequenzbereich reagieren die meisten Hunde auf 15 bis 35 kHz (physiologisch bis 60 kHz). Katzen hören problemlos Töne zwischen 35 und 65 kHz (physiologisch reagieren sie bis 100 kHz), obwohl ihre Empfindlichkeit für hohe Töne im Alter abnimmt – wie beim Menschen. Sie hören also Töne, die mindestens anderthalb Oktaven höher liegen als die von uns wahrgenommenen. Kann es uns da überraschen, wenn eine Katze «im voraus» oder mit einem «siebten Sinn» auf einen für Menschen nicht hörbaren akustischen Reiz reagiert? Die größere Empfindlichkeit für hohe Töne erklärt auch zum Teil ihre Reaktionen auf höhere Stimmlagen bei Menschen (also auf Frauen), auf ein vom Wind verwehtes Blatt, auf knisternde oder kratzende Töne und auf das Piepsen von Mäusen. Im unteren Frequenzbereich haben Mensch und Hund etwa die gleichen Fähigkeiten und hören Töne bis etwa 20 Hz; die Katze reagiert noch bis auf etwa 30 Hz.

Das Sehvermögen der Katze

Die Augen unserer Hauskatzen und ihr Sehvermögen entsprechen ebenfalls dem, was wir bei einem ursprünglich in der Dämmerung und während der Nacht aktiven Jäger erwarten würden: Die Augen sind im Verhältnis zur Schädelgröße und zu den Augen tagaktiver Tiere recht groß, nach vorne gerichtet und extrem lichtempfindlich.

Jedes Auge deckt einen Sehwinkel von etwa 205 Grad ab. Tiere mit mehr seitlich sitzenden Augen – wie viele Vögel – haben «Rundumsicht» bis zu 360 Grad, was für die Entdeckung eines sich anschleichenden Raubtiers ganz wesentlich ist. Der Räuber selber muß jedoch ein gutes, nach vorne orientiertes Sehvermögen besitzen – wie unsere Katzen.

Die nach vorne gerichteten und nebeneinanderliegenden Augen erlauben der Katze das sogenannte binokulare Sehen, das plastische Wahrnehmen in drei Dimensionen. Die visuelle Distanzeinschätzung, obwohl nicht so gut entwickelt wie beim Menschen, funktioniert ausgezeichnet, jedenfalls besser als bei vielen anderen Säugetieren. Katzen sehen Objekte in etwa 2 bis 6 Metern Entfernung am schärfsten.

Das Fantastischste an den Katzenaugen ist ihre Lichtempfindlichkeit. Die großen Pupillen lassen etwa 50% mehr Licht durch als unsere. Die besondere Konstruktion des Auges projiziert ein Bild auf die Netzhaut der Katze, das fünfmal heller ist als bei uns. Hinter der Netzhaut liegt das *tapetum lucidum*, eine Art Spiegel, der das beim ersten Durchgang nicht absorbierte Licht für eine zweite Aufnahme zurückreflektiert. (Wir alle kennen diesen Spiegeleffekt; denken Sie nur an die im Licht der Autoscheinwerfer «aufleuchtenden» Katzenaugen.) Katzenaugen besitzen, wie unsere auch, beide Sorten der lichtempfindlichen Zellen in der Netzhaut – die Stäbchen und die Zäpfchen; aber die im schwachen Licht empfindlicheren Stäbchen sind in der Überzahl – auf etwa 25 Stäbchen kommt ein Zäpfchen; beim menschlichen Auge ist das Verhältnis 4:1. Darüber hinaus sind die Stäbchen so angeordnet und miteinander verbunden, daß sie sich bei einem Lichtreiz gegenseitig stimulieren und ein verstärktes Signal an den Sehnerv weiterleiten. Obwohl auch Katzen in totaler Finsternis nicht sehen können, erkennen sie mit Hilfe und dank der weit geöffneten Pupillen, des *tapetum lucidum* und der vielen Stäbchen immerhin Objekte in sechsmal schwächerem Licht als wir es für eine Wahrnehmung benötigen.

Doch hat dieses Nacht-Sehvermögen auch seine Nachteile: Tagsüber funktionieren die vielen Stäbchen nicht optimal, und das Auge muß sich mit der relativ kleinen Zahl der vorhandenen Zäpfchen begnügen, um zu sehen. Obwohl jedes Zäpfchen eine einzelne Nervenzelle aktiviert (was eigentlich im Gehirn ein schärferes Bild ergibt als die miteinander verbundenen Stäbchen), sehen Katzen tagsüber wegen der geringeren Anzahl der Stäbchen wahrscheinlich weniger scharf als wir. Die Zäpfchen sind ebenfalls für das Farbsehen verantwortlich. Im menschlichen Auge gibt es drei verschiedene Sorten von Zäpfchen; sie absorbieren rotes, grünes und blaues Licht. In Katzenaugen wurden bisher nur für Grün und Blau empfängliche Zäpfchen entdeckt.

Andere Farben werden daher vermutlich nur als unterschiedliche Grautöne wahrgenommen; doch für ein ursprünglich vorwiegend in der Dämmerung und der Nacht aktives Tier ist ein gutes Farbsehvermögen weniger wichtig.

Es bleibt zu erwähnen, daß die Katze über einige Mechanismen verfügt, die sie vor allzu grellem Licht schützen: Sie kann – im Gegensatz zu den meisten anderen Säugetieren – ihre Iris (Regenbogenhaut) so weit schließen, daß die Pupillen nur noch als schmale, senkrechte Schlitze erscheinen. Und sie hat ihre dritten Augenlider, helle Membranen, die oft sichtbar sind, wenn das Tier tagsüber döst. Sind sie geschlossen, so ist die Aufnahme optischer Reize reduziert; wenn aber ein Schatten auf sie fällt (er könnte durch Ihre Annäherung verursacht sein), zieht sie die Membranen sofort seitlich zurück.

Der Geruchs- und Geschmackssinn

Wenn vielleicht auch Farben die Welt der Katze nicht so stark prägen wie die des Menschen, so gilt das Umgekehrte für Gerüche und Geschmackswahrnehmungen. Unbekannte Objekte, Artgenossen und Menschen werden im Falle einer Annäherung erst einmal gründlich beschnuppert; an der Nahrung wird zuerst gerochen und dann probiert, bevor die Katze zu fressen beginnt. Gerüche spielen auch in ihrem Sozialleben eine wichtige Rolle, wie wir noch sehen werden.

Wie bei anderen Säugetieren befinden sich auch bei der Katze die Geruchsrezeptoren im Naseninneren, und die meisten Geschmacksrezeptoren sitzen am Rand der Zunge und ganz hinten auf ihrer Oberseite. Die Geruchsrezeptoren werden durch in der Luft schwebende chemische Moleküle stimuliert, die Geschmacksrezeptoren durch chemische Substanzen, die in Wasser oder Speichel aufgelöst sind. Geruchs- und Geschmackssinn arbeiten eng zusammen. Die Naseninnenseite der Katze ist mit einer Schleimhaut überzogen, die über 200 Millionen geruchsempfindliche Zellen aufweist. Die Oberfläche dieser Schleimhaut ist doppelt so groß wie die des Menschen. Aber Katzen (wie auch einige andere Tiere, nicht aber der Mensch) besitzen ein zusätzliches Organ, dessen Funktion etwa zwischen der Geruchs- und der Geschmacksaufnahme liegt, nämlich das Vomeronasal- oder Jacobson'sche Organ. Es liegt ganz vorne unterhalb der Nase und hat eine kleine Öffnung zur Mundhöhle, hinter den oberen

Schneidezähnen. Wenn die Katze mit der Zunge Geruchssubstanzen aus der Luft «fängt» und sie dann gegen den oberen Gaumen drückt, wird dieses Organ stimuliert. Bei Katzen kann man oft das «Flehmen» beobachten – eine Art starres Grinsen mit geöffnetem Maul, manchmal mit zitternder Zunge, während dem die mit Molekülen beladene Luft durch die Öffnung dieses Organs «gesaugt» wird. Das Flehmen wird besonders häufig während der Untersuchung von sexuell signifikanten Düften (und von Harnspuren) gezeigt, aber beispielsweise auch, wenn Katzenminze gerochen wird.

Im allgemeinen empfinden Säugetiere vier Geschmacksqualitäten: süß, salzig, bitter und sauer. Katzen sind in dieser Hinsicht nun wirklich etwas sonderbar: Während sie für Süßes unempfänglich sind, haben sie spezielle Rezeptoren für den Wassergeschmack! Sie vertragen Zucker in ihrer Nahrung schlecht, nehmen ihn jedoch trotzdem auf, weil sie ihn nicht deutlich schmekken können. Deshalb bekommen viele Katzen, die erst genüßlich Milch (mit dem Milchzucker, der Laktose) trinken, nachher Durchfall; auch vertragen sie nur kleine Mengen Fruchtzucker und Rohrzucker in der Nahrung.

Bei Katzen als Fleischfressern würde man eine besondere Geruchs- und Geschmacksempfindlichkeit für Proteine und tierische Fette erwarten. Tatsächlich haben Versuche gezeigt, daß ihre Geschmacksrezeptoren auf stickstoff- und schwefelhaltige Substanzen (die Elemente einiger Aminosäuren, aus denen sich Proteine zusammensetzen) reagieren. Die verschiedenen tierischen Fette werden wahrscheinlich aufgrund ihres Geruchs wahrgenommen; sogar wir können zwischen den Aromen verschiedener Fleischsorten unterscheiden. Allgemein bekannt ist auch die Vorliebe für eine bestimmte Fleischsorte vom Metzger oder in der Dose.

Besondere Sinnesleistungen

Bevor wir das Gebiet der Sinnesleistungen verlassen, möchte ich doch noch einige wirklich bewundernswerte Leistungen unserer Hauskatze erwähnen, die mit ihren «normalen» Sinnesfunktionen zu tun haben. Es handelt sich dabei um das Finden des Heimwegs sowie das Träumen und Lernen im Zusammenhang mit ihrer Hirntätigkeit.

Das Finden des Heimwegs: Wir lesen immer wieder in der

Tagespresse von bemerkenswerten Wanderungen der Hauskatzen, meistens von einem weit entfernten Ort zurück in ihre ursprüngliche Heimat. Manche Berichte nennen Distanzen von über 1000 Kilometern, doch geht es meist um Entfernungen bis zu 100 Kilometern. Einerseits sind diese Schilderungen nur schwer zu überprüfen und zu bestätigen (erstaunlich viele Katzen sehen genau gleich aus, und es gibt auch viele streunende Katzen); andererseits sind solche Berichte sehr zahlreich und enthalten oft genaue Angaben der von der Geschichte überzeugten Besitzer, so daß auch wir Wissenschaftler sie ernst nehmen müssen. Mir sind keine sogenannten *Homing*-Versuche mit Katzen bekannt, wie sie mit diversen Wildtierarten, vor allem Vögeln und Kleinsäugern, durchgeführt wurden. Aber wir wissen, daß andere Tiere diese Fähigkeit besitzen, warum also nicht auch die Katze! Nachweislich benutzen verschiedene Tierarten Sternbilder, den Sonnenkompaß und/oder das Magnetfeld der Erde, um sich auf längeren Reisen zu orientieren. Und wir dürfen nicht vergessen, daß sogar die normalen Sinne der Katzen oft leistungsfähiger sind als unsere; wahrscheinlich können diese Tiere eine Kombination verschiedener sensorischer Reize (akustische, optische und riechbare Eindrücke) ihrer Heimat und ihres Heimwegs wahrnehmen und als Orientierungshilfe einsetzen.

Denk- und Lernfähigkeiten: Ich finde die Diskussionen (oft sogar Streitigkeiten) über die relative Intelligenz verschiedener Tierarten unwichtig und uninteressant; solange der Mensch keinen Zugang zu den «Gedanken» der Tiere hat, sind diese Debatten völlig sinnlos. Es gibt aber andere Möglichkeiten, sich an die Gehirnfähigkeiten heranzutasten. Interessanterweise zeigen (die weder für das Tier noch für den Menschen schmerzhaften) Messungen der Gehirnströme von schlafenden Katzen und von träumenden Menschen so frappierende Ähnlichkeiten, daß die Annahme naheliegt, daß auch Katzen träumen. Einige Körperbewegungen während ihres Schlafes vermitteln ebenfalls diesen Eindruck. Und das findet man nicht bei allzu vielen Tierarten!

Verhaltensforschern gelang es erst in den letzten Jahren, durch raffiniert geplante Versuche, bei denen verschiedene Aufgaben zu lösen waren, an die kognitiven Fähigkeiten der Tiere, vor allem der Affenarten, heranzukommen. Es ist tatsächlich schwierig, solche Fähigkeiten zweifelsfrei nachzuweisen; jedoch bin ich nicht der Meinung einiger Primatologen, daß sie nur bei den sogenannten höheren Affen zu entdecken sind. Ich glaube, daß in der Zukunft Tests entwickelt werden, die den von den anderen Tierarten vermehrt benutzten Sinnen mehr Gewicht verleihen, und dann werden wir eines Tages «plötzlich» feststellen, daß auch diese Tiere kognitive Leistungen erbringen können. Zwischenzeitlich müssen wir uns mit genauen Beschreibungen von Verhaltensbeobachtungen begnügen, die klar auf kognitive Fähigkeiten hindeuten. (Wie Sie selbst solche Beobachtungen machen und uns Wissenschaftlern helfen können, sie zu sammeln, wird in Kapitel 23 erläutert.)

Auf jeden Fall aber und im Gegensatz zu einer weitverbreiteten Meinung sind Hauskatzen sehr wohl lernfähige Tiere. Klar wirkt auf ein so eigenwilliges Geschöpf die konventionelle Bestrafungsmethode nicht oder kaum. Ein scharfes «Nein», das konsequent vom neuen Besitzer eines Jungtieres angewendet wird, kann jedoch Wunder bewirken. Durch *positive Verstärkung* (z. B. durch Belohnung) kann man aber das Verhalten von Katzen durchaus steuern, sie sogar trainieren. Ich erinnere mich an eine ausgezeichnete Dressurvorführung mit Hunden und Katzen im *San Diego Wild Animal Park*, Kalifornien, die demonstrierte, daß Hauskatzen so ziemlich alles lernen können, was Hunde lernen, und dazu noch mehr. Das Erfreuliche an dieser Show war, daß sie auf den natürlichen Verhaltensmustern der beiden Tierarten aufbaute und die Tiere nicht vermenschlichte (z. B. mit Kleidern). Eine Katze, die lernt, sich auf einem Hochseil fortzubewegen, ist nicht allzu weit entfernt von einer Katze, die sich auf dünnen Baumästen bewegt!

In Tests, die ein Lernen durch Versuch und Irrtum (die «Trial and Error»-Methode) verlangen, erzielen unsere Hauskatzen relativ niedrige Noten; da die eigenwilligen Katzen für solche Aufgaben schwer zu motivieren sind, sollte das nicht weiter überraschen. Wenn es sich jedoch darum handelt, durch Beobachtung zu lernen, sind sie ganz ausgezeichnete Schüler. Meistens müssen sie nur einmal (oder wenig öfter) zuschauen, wie z. B. ein Artgenosse eine Klappe öffnet, und schon begreifen sie und führen die Handlung selber aus.

Jungkatzen müssen in ihren ersten Lebensmonaten vieles lernen, was in den Kapiteln 9 und 10 geschildert wird; aber zunächst müssen sie auf die Welt kommen – das Thema des folgenden Kapitels.

Katzen, ethologisch betrachtet

8. Paarung und Trächtigkeit

Wie schon im Zusammenhang mit der Körperentwicklung der Katze erwähnt, werden sowohl Katzen als auch Kater im Verlauf ihres ersten Lebensjahres geschlechtsreif. Freilaufende Kater beteiligen sich jedoch in der Regel erst im Alter von drei oder vier Jahren aktiv an der Fortpflanzung des Bestandes (siehe auch Kapitel 10), obwohl sie schon früher zeugungsfähig sind und an den «Paarungsspielen» durchaus teilnehmen. Mit dem 7., spätestens jedoch dem 12. Lebensmonat wird das Weibchen erstmals «rollig»; danach zeigt es einen Zyklus von etwa drei Wochen Dauer, falls es nicht schon vom Kater gedeckt wurde. Während des Östrus, der bis zu zehn Tage dauernden Phase der Paarungsbereitschaft, wirkt das weibliche Tier unruhig, es frißt manchmal weniger, harnt häufiger und gibt monotone Rufe von sich. Oft zeigt es auch vermehrtes «Kopfreiben» an verschiedenen Objekten und dem Besitzer, dazu auch den sogenannten Milchtritt (das rhythmische Treten mit den Vorderpfoten auf einer weichen Oberfläche). Die Paarungsbereitschaft kann man testen, indem man mit der Hand leicht über ihrer Hüfte auf den Rücken der Katze drückt. Wenn sie rollig ist, geht sie sofort in die sogenannte Lordosis-Stellung über – der Bauch ist auf den Boden gedrückt, die Genitalien werden nach hinten präsentiert, wobei die Hüfte nach oben gerollt und der Schwanz zur Seite gelegt wird (siehe Bildteil). Oft genügt es, ihren Rücken zu streicheln, um diese Stellung und das «Rollen» auf dem Boden auszulösen. Etwa während der zweiten Hälfte ihres Zyklus – der Anöstrus-Phase – ist sie nicht paarungswillig; dann bereitet sich ihr Körper für den nächsten Östrus vor.

Normalerweise werden Katzen zwei Mal im Jahr rollig: zwischen dem Spätwinter und dem beginnenden Frühling, dann wieder zwischen dem Frühlingsende und dem Frühsommer. Wenn sie nicht von einem Kater gedeckt wurde oder aus irgendeinem Grund einen Wurf verliert, kann sie mehrere Male hintereinander rollig werden (manchmal auch ohne ersichtlichen Grund)

und ohne weiteres einen dritten Wurf im Jahr zur Welt bringen! Die Tageslänge steuert ihre Rolligkeitsphasen; eine Katze, die in einer Wohnung bei regelmäßig 12 bis 14 Stunden Licht pro Tag gehalten wird, kann zu allen Jahreszeiten rollig werden und Junge zur Welt bringen.

Falls Kater ebenfalls einen jährlichen Zyklus haben, ist er wesentlich weniger ausgeprägt als bei den Weibchen. Wahrscheinlich genügen die sexuell stimulierenden Düfte und/oder das rollige Verhalten eines Weibchens, um ihn «in Stimmung» zu bringen. Er – und mit ihm das Ensemble seiner Kollegen – antwortet auf ihre Rufe mit dem berühmt-berüchtigten Katergesang, der sie noch mehr reizt.

Freilaufende Kater und Katzen (z.B. auf einem Bauernhof lebende) können auf verschiedenen Wegen zueinander finden. Grundsätzlich sind alle Katzen, männliche wie weibliche, am Duft des Harns interessiert – insbesondere aber die Kater am Harn der rolligen Weibchen. Die Kater eines Gebiets kontrollieren regelmäßig den Östruszustand der dort lebenden Weibchen: Sie statten ihnen auf den verschiedenen Höfen ihre Besuche ab, wobei sie ihren Harn und die Hinterpartien beschnuppern. Ich habe auch schon beobachtet, daß sich eine rollige Katze ihren Partner «auswärts» suchte; doch ist das eher eine Ausnahme.

Es kommt jedoch nicht selten vor, daß mehrere erwachsene Kater gleichzeitig um die Aufmerksamkeit eines rolligen Weibchens werben; es ist sogar oft der Fall, daß mehrere Kater sich nacheinander mit dem gleichen Weibchen paaren. Wir müssen hier allerdings sorgfältig beobachten und vorsichtig interpretieren, da verschiedene Erklärungen möglich sind: Einerseits ist es bekannt, daß Katzen einen *induzierten Eisprung* haben; das bedeutet, daß das Weibchen sich mehrmals nacheinander (in einem Zeitraum von durchschnittlich etwa zwei bis vier Tagen) mit einem oder mehreren Katern paaren muß, damit der Eisprung erfolgt. Andererseits sind nicht alle Paarungen «echt», denn es ist nicht nur ein bloßes «Aufreiten» mit Hüftstoßbewegungen des Katers erforderlich, sondern eine Intromission in Verbindung mit einer Ejakulation. Trotzdem wurden mehrmals echte Paarungen mit mehreren Katern nacheinander beobachtet. Der Eisprung erfolgt 24 bis 36 Stunden nach der Paarung (oder den Paarungen); normalerweise werden danach drei bis sechs Eier befruchtet. Falls die Samen von mehreren Katern vorhanden sind, ist es durchaus möglich, daß die Jungtiere eines Wurfs verschiedene Väter haben.

Natoli und De Vito haben die wohl intensivsten Untersuchungen über multiple Paarungen durchgeführt, und zwar an einem sehr dichten Katzenbestand in Rom (siehe Bildteil). Mehrfachpaarungen kommen aber auch bei den eher normalen Katzendichten vor, die man im Bereich von Bauernhöfen antrifft. In der Regel (und im Gegensatz zur weitverbreiteten Meinung) sind Aggressionen zwischen den Katern, die gleichzeitig das Weibchen umwerben, relativ selten, denn ihre Aufmerksamkeit ist ganz auf die Katze konzentriert, nicht auf die Konkurrenten. Es ist aber denkbar, daß viele der Konkurrenten jüngere Kater sind, die von *einem* dominanten Männchen toleriert werden und dem Weibchen durch ihre «Vorspiele» zum Eisprung verhelfen; dann könnte der «breeder-class»-Kater* im richtigen Moment das Weibchen decken. Die Ergebnisse einer Studie deuten darauf hin, daß sich in der Hauptsache jeweils nur ein «breeder-class»-Kater, der seine Rivalen verjagt, in der Nähe des Weibchens befindet; das wurde bei einer relativ geringen Katzendichte beobachtet. Bei größeren Katzenbeständen hätte ein Weibchen, das sich von mehreren Katern echt decken läßt, zumindest theoretische Vorteile (siehe *Empfohlene Literatur*, Natoli und De Vito).

Bei den Katzen, wie auch bei den meisten anderen Säugetieren, herrscht das Prinzip der «Damenwahl» vor. Trotzdem mehrere Kater wiederholte Annäherungsversuche unternehmen, ihre Genitalgegend beschnuppern (oft mit Flehmen) und Laute von sich geben, lädt sie einen Kater erst dann durch die Lordosis-Stellung ein, wenn sie bereit ist. Wenn ein Kater zu früh «aufs Ganze geht», riskiert er eine vehemente Abwehrreaktion. Auf Einladung der Katze reitet er auf, faßt eine behaarte Hautfalte ihres Nackens mit dem Maul (was sie, in einer Reflexreaktion, während der Paarung automatisch bewegungslos macht), stellt seine Vorderpfoten auf ihre Seiten und sucht mit seinem Glied ihre Genitalöffnung (siehe Bildteil). Eine Paarung mit Intromission dauert nur einige Sekunden. Unmittelbar nach der Ejakulation schreit das Weibchen fürchterlich – das Glied des Katers ist

---

* Ein «breeder-class»-Kater ist ein drei- bis vierjähriges, eher dominantes Tier, das sich aktiv an der Fortpflanzung des Katzenbestands beteiligt.

mit kleinen «Stacheln» besetzt, die das Weibchen (und möglicherweise die Ovulation) intensiv stimulieren. Meistens dreht sich das Weibchen sofort um und beginnt intensiv auf dem Boden zu rollen und ihre Genitalgegend zu lecken; oft faucht sie den Kater an oder verpaßt ihm einen Pfotenhieb, wenn er sich nicht sofort zurückzieht!

Die Trächtigkeit dauert bei Hauskatzen etwa 63 Tage. Das erste Anzeichen für eine erfolgreiche Befruchtung ist meistens eine Rötung der Zitzen (begleitet von einem Rückgang der Haare rings um die Zitzen) etwa drei Wochen nach der Paarung. Zwischen der 4. und 5. Woche kann die erfahrene Hand den walnußgroßen Fötus erspüren (am besten überlassen Sie das jedoch dem Tierarzt), danach ist es wegen seiner länglich werdenden Form wieder schwieriger. Im Verlauf ihrer Trächtigkeit nehmen Katzen im Durchschnitt etwa ein bis anderthalb Kilogramm zu, je nach der Zahl der Föten, die sie tragen. Ihr Verhalten ändert sich bis zu einem Zeitpunkt etwa ein oder zwei Wochen vor der Geburt der Jungen kaum (sie sollten auch genau so behandelt werden wie vor ihrer Trächtigkeit). Dann werden die zukünftigen Mütter allerdings etwas unruhiger und fangen mit der Suche nach einem geeigneten Nestplatz an; meistens wählen sie einen störungsfreien, etwas dunklen Ort ohne Zugluft. Eine weiche Oberfläche (Heu in einer Scheune, ein altes Tuch irgendwo in einem Winkel des Hauses) wird oft bevorzugt. Daß das vielleicht vom Besitzer sorgfältig vorbereitete Nest so häufig unbenutzt bleibt, zeigt wieder einmal die Eigenwilligkeit dieser Tiere (spricht aber auch manchmal für die Unwissenheit der Besitzer hinsichtlich der Bedürfnisse der Katzen).

Die Wehen können schon am 61. Tag, aber auch erst am 70. Tag einsetzen; eine gewisse Verzögerung sollte den Besitzer also nicht beunruhigen, solange es keine anderen Anhaltspunkte für Probleme gibt. Die Anzeichen für eine bevorstehende Geburt sind das Absinken der Körpertemperatur um ein Grad (normal ist eine Temperatur von 38.6°C) bis zu 18 Stunden vor der Geburt, der Beginn der Milchproduktion sowie, unmittelbar davor, eine erhöhte Atemfrequenz (oft atmet das Tier dann durchs Maul). Manche Hauskatzen wollen während der Geburt vollständig allein sein; diesen Wunsch sollten wir respektieren. Andere wiederum lassen ihrem Besitzer keine Ruhe, bis er neben ihr sitzt. Die ersten Wehen folgen in Abständen von etwa einer Stunde, dann steigern sie sich bis auf etwa alle 30 Sekunden kurz vor der Geburt. Die Katze leckt auch oft zwischendurch ihr Hinterteil. Sobald das erste Jungtier zur Welt gekommen ist, dreht sich die Mutter um, leckt und öffnet den schützenden Sack mit ihrer Zunge und säubert ihr Kind; das intensive Lecken stimuliert die ersten Atemzüge des Neugeborenen. Dann beißt sie die Nabelschnur durch. Meistens wird mit der nächsten Wehe die Nachgeburt ausgestoßen, die von der Mutter gefressen wird; dies ist bei den meisten Säugetieren der Fall, denn früher hätte die Nachgeburt Raubtiere anziehen können. Das Zeitintervall zwischen den Geburten der Wurfgenossen ist variabel: Manchmal kommen die Jungtiere im Abstand von Viertelstunden zur Welt, mitunter liegen auch ein oder zwei Stunden dazwischen. In seltenen Fällen kann es bis zu 24 Stunden dauern, bis das letzte Jungtier geboren ist. Zwischenzeitlich leckt und säugt die Mutter die erstgeborenen Nachkommen, denen sie auch hilft, den Weg zu ihren Zitzen zu finden. Es gibt kaum Unterschiede im Verhalten erstgebärender und erfahrener Mütter; die letzteren sind zwischen den einzelnen Geburten etwas ruhiger, und das Belecken der Bauch- und Genitalgegend ihrer Jungen erfolgt zielgerichteter.

Wenn alles vorbei ist, reinigen die meisten Mütter gründlich ihr Fell, ohne jedoch ihre Kinder allzu lange zu vernachlässigen. Und eine für menschliche Augen und Gefühle wunderbare Phase – die der Mutter-Kind-Beziehung – beginnt.

9. Die ersten sechs Monate

Bei Hauskatzen ist es Sache der Mutter, die Jungen aufzuziehen; nach der Paarung hat der Kater in der Regel nichts mehr mit seinen Nachkommen zu tun.

Während der ersten zwei Tage verläßt das Muttertier ihre Jungen kaum oder nur für ganz kurze Zeit. Die Kleinen sind, was ihren Schutz – auch vor anderen Katzen oder Katern –, die Nahrung und die Körperwärme anbelangt, von ihrer Mutter total abhängig. Sie läßt die Kätzchen saugen, wählt ihre eigene Körperstellung so, daß ihnen ihr Gesäuge zugänglich ist, und hilft ihnen mit sanften Stößen der Nase, an ihre Zitzen zu gelangen. Katzen haben acht Zitzen, wobei das vorderste Paar oft keine Milch produziert. An sich reicht diese Anzahl für die vier bis fünf Jungen eines durchschnittlichen Wurfes aus; jedoch ist anzunehmen, daß nicht alle Zitzen gleich viel Milch produzieren. Die hintersten Zitzen werden von Neugeborenen wegen ihrer leichteren Zugänglichkeit und auch wegen der vermehrten Stimulation und Milchproduktion bevorzugt. Manche Jungtiere entwickeln relativ bald eine Vorliebe für eine bestimmte Zitze; andere saugen gerne an allen, und oft kommt es bei Mahlzeiten zu Drängeleien. Anfänglich saugen die Jungen bis zu acht Stunden am Tag, und sie schlafen sehr viel; gelegentlich werden sie jedoch von der Mutter durch energisches Lecken geweckt; das Lecken ihres Afters stimuliert außerdem das normale Harnen und Koten. Während der ersten drei Wochen gehen alle Initiativen für das Säugen von der Mutter aus. Oft hört man «Kontaktlaute»; die Mutter schnurrt während des Säugens, und die Jungen stimulieren den Milchfluß mit dem Milchtritt.

Nach und nach verläßt die Mutter das Nest für kürzere Zeitspannen, um selber zu fressen oder eine Maus zu fangen; aber sie verbringt fast ihre ganze Zeit mit den Jungen, bis diese etwa vier bis fünf Wochen alt sind.

Wenn die Mutter zu oft gestört wird, kann es ohne weiteres dazu kommen, daß sie (auch mehrmals) einen neuen Platz für ihr Nest sucht. Dann packt sie die Jungtiere, eines nach dem anderen, am Genick und trägt sie im Maul zum neuen Nest. Die Jungen hören von selbst auf, sich während des «Umzugs» zu bewegen – sie könnten sich sonst verletzen – , und zwar aufgrund der gleichen Reflexreaktion, die später bei der Paarung zu beobachten ist.

Wie wir in Kapitel 5 gesehen haben, ist bei den Neugeborenen das Orientierungsvermögen noch nicht voll ausgebildet. Es kann geschehen, daß sich ein Junges aus dem Nest entfernt (oder entfernt wurde, wenn die Mutter plötzlich das Nest verließ und es sich weiter an die Zitze klammerte); es kann in den ersten Lebenstagen nur aus einer Entfernung von etwa 50 Zentimetern wieder zurückfinden; ist es weiter entfernt, kann es die Mutter nur durch sein Schreien auf die Situation aufmerksam machen.

Im Lauf ihrer dritten Lebenswoche werden die meisten Jungkatzen mobiler und sie unternehmen kürzere Ausflüge aus dem Nest; die Mahlzeiten werden sowohl von der Mutter wie auch den Jungen initiiert. Nun beginnen sie auch, mit ihren Wurfgenossen und der Mutter «soziale» Spiele zu spielen; das auf Objekte bezogene Spiel entwickelt sich erst später.

Verschiedene Faktoren, die meine Kollegen Deag, Manning und Lawrence eingehend untersucht haben, beeinflussen die Beziehung zwischen der Mutter und den Jungkatzen und den Zeitpunkt der Entwöhnung; zu nennen sind hier das Alter und das Geschlecht des Jungtiers, die Wurfgröße, die körperliche Verfassung der Mutter und ihr Ernährungszustand. Es liegt auf der Hand, daß das Muttertier irgendwann einmal nicht mehr genügend Milch produzieren kann, um damit allein den Hunger ihrer Jungen zu stillen. Von etwa dem 30. Lebenstag der Kleinen an initiiert die Mutter das Säugen daher kaum mehr, obwohl sie immer wieder versuchen, an die Zitzen zu kommen. Etwa zur gleichen Zeit fangen die meisten freilaufenden Katzenmütter an, den Jungen selbst gefangene und eben getötete Beutetiere nach Hause zu bringen; wenig später schaffen sie auch lebende Mäuse herbei.

Nun beginnt eine faszinierende Phase der Mutter-Kind-Beziehung. Mein Kollege Paul Leyhausen konnte nachweisen, daß viele der Verhaltensmuster, die für das Fangen und Töten von Beutetieren erforderlich sind, angeboren, also schon beim Jungtier zu beobachten sind; um jedoch die Motivationsschwelle für den Tötungsbiß zu erreichen, brauchen die Kätzchen manchmal etwas Hilfe seitens der Mutter: Sie bringt ihnen die lebende Maus, ruft sie, läßt die Maus frei und veranstaltet eine Art Wettbewerb mit ihnen, um die Maus wieder einzufangen. In diesem erregten Zustand, der durch die Konkurrenzsituation herbeigeführt wird, setzt ein Jungtier schließlich diesen äußert wirkungsvollen und schnell tötenden Biß. Obwohl spätere Studien gezeigt haben, daß die Mitwirkung der Mutter für das Erwerben dieser Fähigkeit nicht unerläßlich ist, töten Jungkatzen ihre erste Beute in ihrer Anwesenheit schneller. Und Tim Caros Untersuchungen (die von Martin und Bateson in ausgezeichneter Weise zusammengefaßt wurden, siehe *Empfohlene Literatur*) legen den Schluß nahe, daß die Mutter die Aufmerksamkeit ihrer Jungen aktiv auf das Beutetier lenkt. Dies ist ein erster Schritt in Richtung eines «Lehrens» – einer Fähigkeit, die bisher (von Primatologen) ausschließlich den Primaten zugestanden worden war.

Die Entwöhnung, die etwa in der 4. Lebenswoche begonnen hat (es ist nicht von Bedeutung, ob dabei Mäuse oder von Menschen verabreichte Nahrung im Spiel waren), ist in der Regel bis zur 8. Woche abgeschlossen; die Jungen sind dann fähig, allein von fester Nahrung zu leben. Das bedeutet jedoch noch lange nicht, daß man sie schon mit acht Wochen von der Mutter wegnehmen kann oder soll (siehe Kapitel 14). Die Kätzchen haben noch vieles zu lernen, und einen Teil all dessen lernen sie wahrscheinlich dank ihres Spielverhaltens.

Dies ist allerdings sehr schwer nachzuweisen. Es gibt verschiedene Theorien über die Funktion(en) des Spielens; die meisten Autoren gehen von der Annahme aus, es handle sich dabei um eine Art «Üben für das spätere Leben». Es ist nun aber viel leichter, sich vorzustellen, daß beispielsweise das Spielen mit Objekten eine Jungkatze auf die späteren Beutefangaktivitäten vorbereitet, als diese Vermutung auch zu beweisen. Der Begriff «Spielen» ist ebenfalls schwierig zu definieren (versuchen Sie es doch selbst einmal); dieses Tun setzt sich aus verschiedenen Verhaltenselementen und -mustern zusammen (oft in ungewöhnlichen Kombinationen) und vollzieht sich in den unterschiedlichsten Situationen.

Die Forschungsgruppe um Patrick Bateson an der Cambridge University hat die gründlichsten Untersuchungen über das Spielverhalten der Katze durchgeführt und ist zu sehr aufschlußreichen Ergebnissen gekommen. Wie erwähnt, entwickelt sich bei Jungkatzen zuerst das «soziale» Spielen. Mit den Wurfgenossen und der Mutter kann ein Jungtier sich – und, natürlich ohne es zu wissen, auch einen Beobachter – stundenlang unterhalten. Bateson konnte zeigen, daß etwa um den 50. Lebenstag herum, also etwa gleichzeitig mit der Entwöhnung, eine Reorganisation des Spielverhaltens stattfindet; die Häufigkeit des sozialen Spielens nimmt ab, die des Spielens mit Objekten hingegen zu. Gewisse Verhaltenselemente, die zuerst im sozialen Spiel gezeigt wurden, geraten immer mehr unter die Vorherrschaft der Jagdmotivation; andere Elemente gehen in den Bereich des agonistischen Verhaltens über. Vielleicht entgegen unseren Erwartungen beeinflußt das frühe soziale Spielen das Jagdverhalten des erwachsenen Tieres stärker als das später auftretende Spiel mit Objekten. Wenn man bedenkt, daß solche Verhaltenselemente wie das Sich-zum-Sprung-Aufrichten, das Anschleichen und auch das Zupacken ebenfalls in sozialen Interaktionen vorkommen, wird diese Feststellung jedoch verständlich. Geschlechtsspezifische Unterschiede im Spielverhalten fallen kaum ins Gewicht: Junge Kater stellen zwischen der 8. und 12. Lebenswoche häufiger «Objektkontakte» her als junge Weibchen, aber der Unterschied ist geringer, wenn die jungen Weibchen auch männliche Wurfgenossen haben. Beim Sozialspiel gibt es bis zur 12. Lebenswoche noch keine Unterschiede; sie treten erst zwischen der 12. und 16. Woche auf, wenn die Häufigkeit des Sozialspiels schon stark reduziert ist. Dann zeigen Weibchen, die mit jungen Männchen spielen, ein «maskulineres» Spielverhalten.

Obwohl die Jungtiere während der ersten Monate sehr oft spielen, gibt es in ihrem Leben natürlich auch anderes. Sie sind äußerst neugierig und untersuchen jede Ecke ihres Heims. Sie schlafen viel (besonders an heißen Sommertagen oder nach anstrengenden Spielen mit Kameraden), und sie wachsen noch, was bedeutet, daß ihr Nahrungsbedarf stetig zunimmt. Obwohl die Mutter Beute nach Hause getragen hat, so oft sie konnte, fangen die Kätzchen allmählich selber an, Beute zu fangen Zuerst in der näheren Umgebung – im eigenen Garten (Heuschrecken und Schmetterlinge betrachten sie ebenfalls als Beute) oder in der eigenen Scheune, wo sie häufig Mäuse finden; später entfernen sie sich immer weiter von ihrem «Primärheim» und unternehmen Streifzüge auf dem umliegenden Gelände. Wenn man eine halbwüchsige Katze auf solchen Entdeckungsausflügen verfolgt, wie meine wissenschaftliche Mitarbeiterin Claudia Mertens und ich es über Wochen hinweg getan haben, kann man praktisch zusehen, wie sie ihr Streifgebiet mit zunehmendem Alter ausdehnt.

Solche «Exkursionen» führen auch zu Begegnungen mit anderen Artgenossen und spielen daher bei der Integration des Tieres in die jeweilige Katzengesellschaft eine wesentliche Rolle. Dies ist das Thema des nächsten Kapitels.

Oben: Seit über zwanzig Jahren füttert dieser Mann täglich die Katzen im Kolosseum und sorgt für ihre Gesundheit. Unten: Überall wo die Katzen regelmäßig gefüttert werden (hier vor dem Teatro di Marcello, Rom), bilden sie mehr oder weniger stabile soziale Gruppen.

Das «Wetzen» der Krallen ist nicht nur eine wichtige Komponente des Körperpflege-Verhaltens...

Oben: Dominante Katzen tendieren dazu, ihre Krallen demonstrativ vor unterlegenen Artgenossen zu wetzen. *Unten:* Etwas Aggression gehört zum normalen Leben auch der sozialsten Tierarten. Viele Besitzer greifen bei Streitereien zu schnell ein und verhindern somit die Begründung einer sozialen Rangordnung.

Oben: Obwohl Kater häufiger Harn spritzen, können Weibchen (wie auf diesem Bild zu sehen) dies ebenfalls tun. Sowohl intakte wie auch kastrierte Tiere können ihre Anwesenheit in einem Gebiet mittels ihres Harns bekannt machen. Unten: In der Nähe des Primärheims wird der Kot fast immer zugescharrt, weshalb auch in der Katzentoilette stets genügend frische Einstreu vorhanden sein muß.

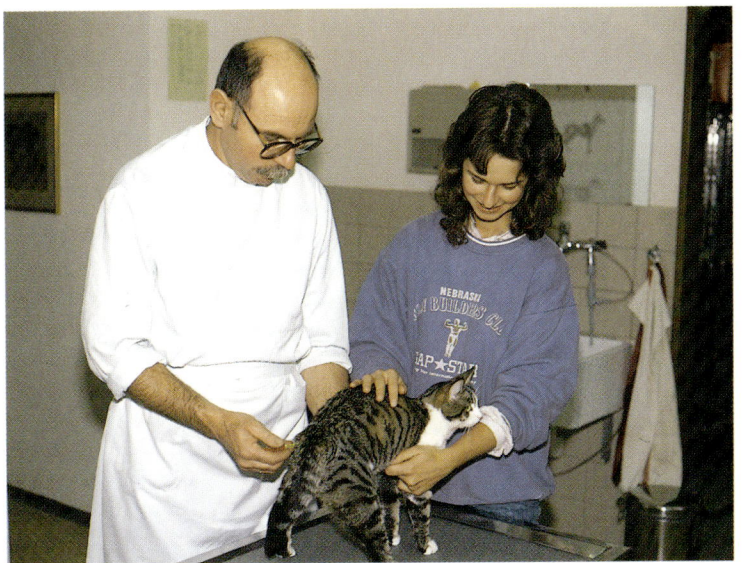

Oben: Suchen Sie sich einen Ihnen sympathischen Tierarzt oder eine Tierärztin, der (oder die) die notwendigen Gesundheitskontrollen, die regelmäßigen Impfungen und die Notfallbehandlungen durchführt. (Hier mißt der Tierarzt die Körpertemperatur.) *Unten:* Die Ärzte und Ärztinnen der Tierspitäler unterstützen auch die niedergelassenen Tierärzte bei komplizierten Untersuchungen. (Hier wird der Bauch eines Tieres für eine Sonogrammuntersuchung des Fötus rasiert.)

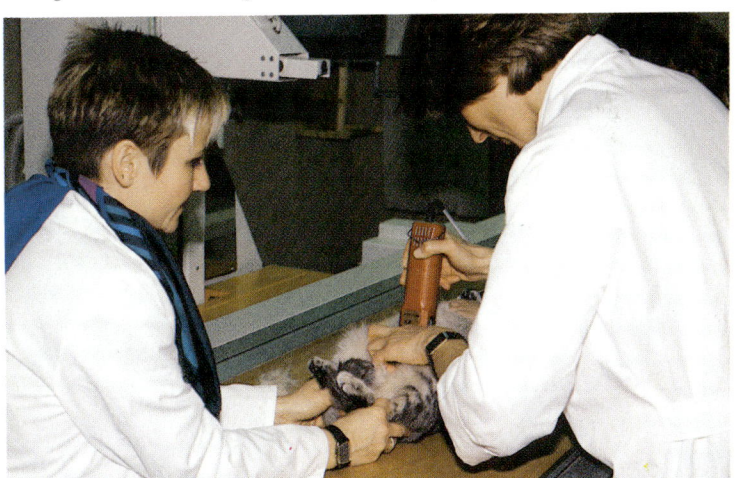

Es gibt viele Arten, um das Leben unserer Wohnungskatzen zu bereichern. _Oben:_ Langeweile kann verhindert und die Neugierde stimuliert werden, indem man immer wieder neue Schachteln in der Wohnung aufstellt. _Unten:_ Auch die Jagdmotivation kann durch das Bewegen eines Objekts von geeigneter Größe angesprochen werden. Manche Katzen haben solche Spiele ausgesprochen gern.

Je nachdem, ob der Mensch oder die Katze häufiger die Kontakte mit dem Partner initiiert, können wir unter den zutraulichen Katzen zwischen zwei Typen unterscheiden. <u>Oben:</u> Die freundliche, aber zurückhaltende Katze. <u>Unten:</u> Das initiativ-freundliche Tier. Natürlich gibt es auch andere Persönlichkeitstypen unter diesen Geschöpfen, und die meisten Besitzer schätzen gerade die «Individualität» des einzelnen Tieres.

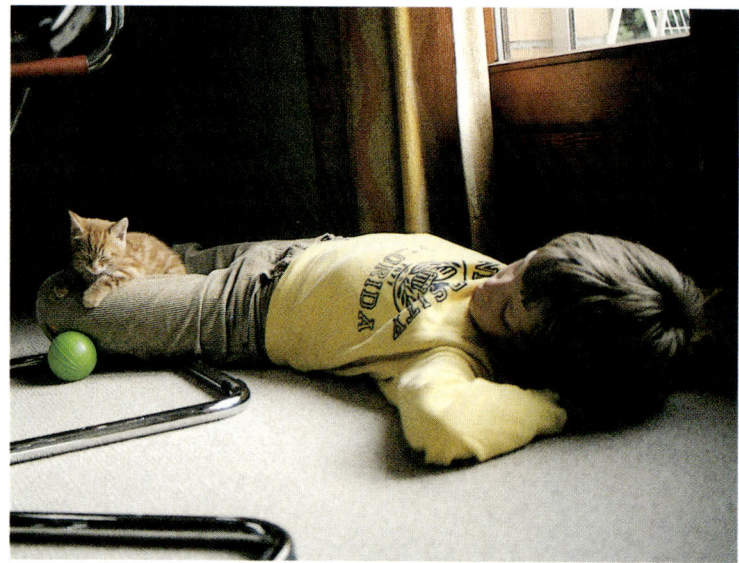

Oben: Die Grundeinstellung gegenüber Menschen wird früh im Leben einer Jungkatze – während der sogenannten Sozialisationsphase – geformt, und dasselbe gilt für ihre Haltung gegenüber Artgenossen. *Unten:* Nicht alles ist durch die Gene dieser Tiere bestimmt (z. B. das Gen 0 für die rote Fellfarbe); auch die Erfahrungen, die sie früher oder später in ihrem Leben machen, führen die Katzen auf eigene Wege.

Eine Darstellung der Göttin Bastet, die heute im Ägyptischen Museum in Kairo zu sehen ist.

Oben: Die alten Ägypter haben ihre verstorbenen Katzen mumifiziert und in Bubastis ehrenvoll bestattet. Hier eine Katzenmumie aus dem Ägyptischen Museum in Kairo. *Unten:* Ein uraltes Papyrusstück aus der Sammlung des Ägyptischen Museums in Kairo; die Ägypter haben ihre Katzen auch in der Literatur verewigt.

Oben: Einige der vielen Opfergaben zu Ehren der Katzengöttin Bastet.
Unten: Auch im täglichen Leben Altägyptens hatten Katzen ihren Platz.
Hier sehen Sie einige der Schmuckanhänger, die im Ägyptischen Museum
in Kairo ausgestellt sind.

Oben: Heute haben Katzen sogar ihr «eigenes» *Katzenmuseum* (in Riehen bei Basel). Die Vielfalt der Ausstellungsstücke ist unglaublich, und ein Besuch dieser Sammlung lohnt sich wirklich. *Unten:* Zwei Besucherinnen des Museums betrachten einige der vielen Gemälde, alten Stiche und Porzellankatzen.

Oben: Vor lauter Auszeichnungen sieht man in diesem Ausstellungskäfig kaum die lebende Katze! *Unten:* An den größeren Katzenausstellungen werden viele teils nützliche (wie hier Kratzbäume und Transportkisten), teils im Hinblick auf die Bedürfnisse der Katzen aber völlig wertlose Gegenstände zum Kauf angeboten.

Oben: Um die Katzen jederzeit und überall orten zu können (auch in Maisfeldern, Bauernhofgebäuden usw.), wenden wir die «Radiotelemetrie»-Methode an und benutzen tragbare Antennen und Signalempfänger.
Unten: Diese erwachsene Katze trägt einen an einem unfallsicheren Ledergeschirr befestigten Funksender (den grauen «Rucksack»), der ihr normales Verhalten in keiner Weise behindert.

Oben: Dies ist ein den Katzenbedürfnissen entsprechend eingerichtetes Gehege einer Universität. Viele (wenn auch nicht alle) unserer Forschungsfragen können am besten durch Tierbeobachtungen in einer solchen Katzenkolonie beantwortet werden. *Unten:* Zwei gut befreundete Katzen, die zur gleichen Gruppe gehören, reiben die Köpfe aneinander.

Oben: In der sogenannten Lordosis-Stellung lädt die rollige Katze einen Kater zur Paarung ein. Unten: Die Kontrolle des Östruszustandes eines Weibchens durch den Kater (mit Hilfe des Geruchssinnes) ist Bestandteil der Paarungssequenz.

Oben links: Das Aufreiten mit Genickbiß, jedoch ohne Intromission.
Oben rechts: Die eigentliche Paarung mit Intromission.
Unten links: Das Weibchen wehrt den Kater nach der Paarung aggressiv ab.
Unten rechts: Das Rollen auf dem Boden und das «Putzen» der Genital-
gegend schließen diese Verhaltenssequenz ab.

Oben: Junge Katzen sind sogenannte Nesthocker; sie sind relativ lange vollständig von der Mutter abhängig. *Unten:* Das Orientierungsvermögen der Jungtiere entwickelt sich nach «klassischem» Wirbeltiermuster: Zuerst werden das Tastsystem, danach der Gleichgewichtssinn, dann die Geruchs- und Gehörsysteme und zuletzt die visuelle Orientierung aktiv.

Soziale Spiele zweier Geschwister unter den Augen der wachsamen Mutter. Bei Jungkatzen entwickelt sich zuerst das soziale Spiel, danach das Spielen mit Objekten.

Oben: Es dauert eine Weile, bis sich diese hilflosen Jungkatzen als Jäger bewähren. *Unten:* Obwohl allen Jungkatzen viele Muster des Jagdverhaltens angeboren sind, helfen ihnen die Erfahrungen, die sie mit von der Mutter zugetragener Beute machen, ihre Fähigkeiten zu perfektionieren. Der «Besitz» von Beute wird von allen Artgenossen (groß und klein) respektiert!

Oben: Nach einem ersten erfolglosen Anlauf (der nur einige Gräser im Maul einbrachte), versucht dieses Weibchen auf der frisch gemähten Wiese nochmals das gleiche Beutetier zu fangen. *Unten:* Einige Minuten später kehrt es mit der Beute nach Hause zurück – vielleicht ist sie für die Jungen (oder für den Besitzer) bestimmt.

Oben: Die domestizierte Katze ist eindeutig auf Beutetiere spezialisiert, die <u>unter</u> der Erdoberfläche leben. <u>Unten:</u> Diese Karte (nach Fitzgerald, 1988) zeigt, wo überall Studien zur Nahrungszusammensetzung der Katzen durchgeführt wurden. Auf dem Festland – im Gegensatz zu Meeresinseln – sind Katzen <u>keine</u> Bedrohung für die einheimischen Vogelbestände! (Große Punkte: zwei Studien oder mehr.)

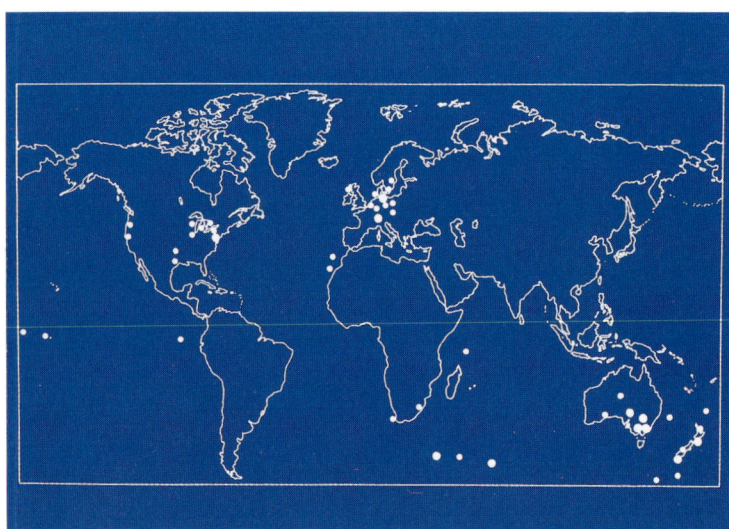

Gutgenährte und gesunde Katzen sind leistungsfähigere Jäger. Sie sind ortstreuer und anhänglicher; die Beutefang- und Tötungsmotivationen sind nicht vom Hunger des Tieres abhängig. Die zusätzliche Fütterung läßt zudem eine höhere Katzendichte zu, und dies wiederum ist ein «biologisches Mittel» zur Bekämpfung der Nagetierplagen.

Die Katzen der alten Monumente und der Marktplätze Roms sind welt-weit bekannt.

10. Integration in die Katzengesellschaft

Die heranwachsenden, subadulten Katzen und Kater müssen sich sowohl sozial als auch räumlich in die lokale Katzengesellschaft integrieren. Viele unserer heutigen Katzen sind «sozialer» als ihre Vorfahren es waren und als man im allgemeinen annimmt. In diesem Kapitel wollen wir ihr soziales Verhalten und ihre soziale Raumorganisation betrachten, ausgehend von meinen eigenen Beobachtungen und den detaillierten Angaben von Kerby und Macdonald sowie von Liberg und Sandell (siehe *Empfohlene Literatur*).

Die soziale Integration in eine bereits etablierte Katzengesellschaft ist nicht einfach, denn höchstwahrscheinlich gibt es eine Reihe stärkerer Tiere, möglicherweise auch schwächere Artgenossen. Damit es nicht immer zu gefährlichen Kämpfen und Kraftproben kommen muß, setzen viele Tierarten Drohgebärden und Beschwichtigungssignale ein. Paul Leyhausen hat schon vor Jahren die Grundelemente der Körpersprache der Katze erläutert und beschrieb drei Basismuster:

● Die «offensive Drohung», die zu einem Angriff führt – eine langsame, steifbeinige, direkte Annäherung an den Gegner; der Blick ist immer auf ihn gerichtet, die Pupillen sind eher normal, die Ohren aufgestellt, und der Schwanz hängt herab; der eigentliche Angriff erfolgt mit den Zähnen (Beißen).

● Die «Verteidigungsstellung», Ausdruck der Bereitschaft, sich im Falle eines Angriffs zu verteidigen – der Körper ist auf den Boden geduckt, der Kopf gegen die Schultern zurückgezogen; die Ohren liegen flach am Kopf an, und die Pupillen sind vergrößert. Zur Verteidigung werden die Pfoten eingesetzt. (Falls ein Angriff erfolgt, wird der Körper von vorne nach hinten auf dem Boden gerollt und gleichzeitig mit den Vorderpfoten geschlagen; deshalb gilt dies nicht als eine Gebärde der Unterwürfigkeit, wie wir sie bei den Hunden finden.)

● Eine «Mischhaltung», die sich aus Elementen des offensiven Drohens und der Verteidigung zusammensetzt und zu dem charakteristischen «Katzenbuckel» führt. Hier halten sich die Motivation für Angriff und Verteidigung die Waage. Es kommt aber zwischen Katzen relativ selten zu richtigen Kämpfen, einerseits wahrscheinlich deswegen, weil die Tiere sich (und möglicherwei-

se auch ihre Rangordnung) meistens schon kennen, und andererseits wegen ihres später zu beschreibenden räumlichen Organisationsmusters, das Begegnungen zwischen fremden Tieren auf ein Minimum beschränkt.

Je nach dem sozialen Milieu, in dem eine Jungkatze aufwächst, wird aus ihr eher ein «soziales» Tier oder ein «Einzelgänger». (Dies wurde von Rosemarie Schär, meiner Fachkollegin in Bern, festgestellt, die demnächst die Ergebnisse ihrer Diplomarbeit veröffentlichen wird.) Jungkatzen, die relativ lange mit Wurfgenossen zusammenbleiben oder z. B. auf einem Bauernhof zusammen mit mehreren älteren Katzen aufwachsen, die sich den Jungtieren gegenüber freundlich verhalten, zeigen ihren Artgenossen gegenüber eine positive soziale Einstellung. Umgekehrt sind Jungkatzen, die praktisch allein aufwachsen oder immer wieder negative Erfahrungen mit einigen wenigen älteren Katzen machen, als Erwachsene eher Einzelgänger. Heutzutage wachsen sehr viele Jungkatzen «sozial» auf (wie wir noch sehen werden), was für ihre spätere Haltung bei einem neuen Besitzer durchaus Konsequenzen hat (siehe Kapitel 17).

Bauernhöfe, die in der Regel mehrere Katzen beherbergen, sind nun eine Quelle vieler Jungkatzen. Die typische soziale Raumorganisation von Bauernhofkatzen kann man folgendermaßen beschreiben: Die erwachsenen Weibchen eines Hofes benutzen das mehr oder weniger gleiche Gebiet; ihre einzelnen *Home-Ranges* (Streifgebiete) überlappen sehr stark, doch nicht die *Ranges* von Weibchen eines benachbarten Hofes, deren Streifgebiete sich allerdings untereinander wieder räumlich stark überschneiden. Die Streifgebiete erwachsener Kater sind im Durchschnitt etwa 3,5 mal größer als diejenigen der Weibchen. Ist menschliche Fürsorge gegeben, wird also für Futter und Unterschlupfmöglichkeiten gesorgt, so bleiben die subdominanten erwachsenen Kater an ihrem Geburtsort; die Kater von verschiedenen Höfen zeigen untereinander sogar mehr Toleranz, ihre *Home-Ranges* weisen auch größere Überlappungen auf als diejenigen der Weibchen von verschiedenen Höfen. Ohne menschlichen Schutz würden sie von den stärkeren Katern (den erwähnten «breeder-class»-Männchen) vertrieben und entweder zu einem nomadischen Lebensstil gezwungen oder dazu getrieben, ein neues Primärheim zu suchen, wo sie die Rolle des Chefkaters spielen können. Da die meisten Kater jedoch an den jeweiligen

Haushalt gebunden sind, ist es nicht ungewöhnlich, mehrere erwachsene Kater zu sichten, die friedlich nebeneinander stehen und vielleicht sogar das gleiche Weibchen umwerben. Innerhalb eines Hofes oder Haushalts gehen die erwachsenen Weibchen in der Regel sehr sozial miteinander um: Sie ruhen oft mit gegenseitigem Körperkontakt, belecken einander und säugen nicht nur die eigenen Jungtiere, sondern auch die anderer Mütter.

Sie werden nun verstehen, was damit gemeint ist, daß die meisten Katzen heutzutage im klassischen Sinn nicht oder nicht mehr «territorial» sind; es kann höchstens von einer Art Gruppenrevier die Rede sein; dies trifft wiederum vorwiegend für die Weibchen eines Haushalts zu, da sie die Geschlechtsgenossinnen, die zu einem benachbarten Haushalt gehören, nicht auf ihrem eigenen, gemeinsam benutzten Grundstück dulden. Und die einzigen Kater, die Geschlechtsgenossen aus ihren Revieren verjagen, sind die «breeder-class»-Männchen eines völlig frei lebenden Katzenbestands mit niedriger Populationsdichte. Wie viele solche Kater existieren heute noch? Auch die meisten männlichen Tiere sind an Haushalte gebunden!

Wie ist es dazu gekommen, daß die Mehrheit der heutigen Hauskatzen aus «sozialen» Tieren besteht? Ich habe schon erwähnt, daß junge Bauernhofkatzen häufig zusammen mit mehreren älteren Artgenossen aufwachsen; das gleiche gilt für viele reinrassige Jungtiere, die in Zuchtgehegen leben, und sogar für eine immer größere Zahl von Jungkatzen in Siedlungsgebieten, in denen Haushalte mit zwei oder mehr Katzen keine Seltenheit sind. Vergleichende Untersuchungen in mehreren Gebieten (in verschiedenen Ländern) haben die Hauptgründe dafür ausfindig gemacht: einen hohen Verwandtschaftsgrad unter den Tieren des gleichen Hofes und räumlich konzentrierte, jedoch dank der zusätzlichen Fütterung durch den Menschen reichlich vorhandene Nahrung.

Sehr oft sind die erwachsenen Weibchen eines Hofes eng miteinander verwandt (Mütter, Töchter, Enkelinnen, Tanten, Nichten usw.), und Kerby und Macdonald konnten regelrechte matriarchale Stammlinien innerhalb einiger Bauernhofkolonien ermitteln. Ihre Daten beweisen, daß in Gruppen lebende Katzen nicht als bloße Ansammlung von Tieren um eine reichhaltige Futterquelle zu betrachten sind, sondern strukturierte Beziehungsnetze pflegen.

Das heißt aber keineswegs, daß die Menge und das Verteilungsmuster der Nahrung unwichtig sind; das Gegenteil ist der Fall. Die schwedischen Verhaltensforscher Liberg und Sandell konnten zeigen, daß die Katzendichte umso höher ist, je reichlicher und konzentrierter (im räumlichen Sinne) die Nahrung zur Verfügung steht; je höher die Katzendichte, desto kleiner die einzelnen *Home-Ranges*. Dies impliziert, daß die Katzen ein kleineres Gebiet benötigen, um ihren Nahrungsbedarf zu decken, wenn an einem Ort genügend Futter vorhanden ist. Die höchste Katzendichte, die wir kennen, findet sich in einem japanischen Fischerdorf mit umgerechnet 2350 Tieren pro Quadratkilometer! Die höchsten Bestandsdichten in Europa (1000 bis 2000 Tiere pro Quadratkilometer) weisen einige der antiken Monumente und Marktplätze Roms auf, gefolgt von den Schiffswerften im englischen Portsmouth (200 Tiere pro Quadratkilometer). Die japanischen Katzen ernähren sich auf einem Depot für Fischabfälle, die römischen Katzen von Marktabfällen und Katzenfutter, das von treuen Katzenfreunden verabreicht wird (siehe Bildteil), und die Schiffswerft-Tiere finden ihre Nahrung hauptsächlich in den großen Abfallcontainern des Hafens. Der größte Teil der heutigen Katzen lebt in Beständen mit 5 bis 50 Tieren pro Quadratkilometer und schließt Katzen in Siedlungsgebieten (wahrscheinlich auch Städten) und auf Bauernhöfen mit ein. Hier ist die Nahrung entweder konzentriert, wenn auch nicht wie in den obigen Fällen im Überfluß vorhanden, oder sie besteht aus reichlich verteilter Beute. Die geringeren Bestandsdichten von weniger als einer bis etwa fünf Katzen pro Quadratkilometer findet man vor allem bei völlig frei lebenden Tieren, die mit mehr oder weniger vereinzelten Beutetieren auskommen müssen. Bei den höheren Katzendichten sind die *Home-Ranges* nur etwa einen Hektar groß; bei den geringen Dichten umfassen die größten *Ranges* über sechs Quadratkilometer! Katzen sind wirklich äußerst anpassungsfähige Tiere, nicht nur im sozialen Bereich, sondern auch hinsichtlich ihres Raumbedarfs.

Das Faszinierendste im Sozialleben unserer Katzen ist zugleich das, was wir Verhaltensforscher am wenigsten verstehen, nämlich ihr sogenanntes «geselliges Beisammensein». Es wurde von Paul Leyhausen am präzisesten beschrieben (jedoch nicht erklärt) und von mehreren Laien wie auch Forschern bemerkt.

In der Nacht versammeln sich Tiere beiderlei Geschlechts in

einer bestimmten Gegend, meist auf «neutralem» Boden. Sie sitzen nur wenige Meter voneinander entfernt und tun nichts Besonderes. Gelegentlich belecken sich zwei Tiere gegenseitig, manchmal gibt es auch ein Fauchen, aber die Atmosphäre ist allgemein friedlich und entspannt. Gegen Mitternacht gehen die Tiere wieder so ruhig und mysteriös auseinander, wie sie zusammengekommen sind. Leyhausen hat solche Zusammenkünfte öfters in der Katzenpopulation von Paris beobachtet; sie sind aber auch von anderen Orten bekannt. Leider fehlen ausreichende Beschreibungen der näheren Umstände solcher Treffen (z. B. der Jahreszeit, der Dauer, der Anzahl und Herkunft der teilnehmenden Tiere), die uns helfen könnten, dieses «gesellige Beisammensein» zu erklären (siehe Kapitel 23).

Wir sollten aber nicht vergessen, daß keineswegs *alle* Katzen soziale Tiere sind; ein Teil jedes Bestands wird immer aus Einzelgängern bestehen, und auch sie müssen sich, wenn sie freien Auslauf haben, zurechtfinden – sozial und räumlich. Andererseits sind ein gelegentlicher Streit und etwas Aggression auch bei den «sozialsten» Tierarten normal; Auseinandersetzungen dürfen nicht als Beweis für den asozialen Charakter eines Tieres überbewertet werden.

Es sollte auch klar gesagt werden, daß Katzen meistens allein sind, wenn sie sich außerhalb des Kerngebiets um ihr Primärheim, jedoch innerhalb des gemeinsam benutzten *Home-Range*-Areals aufhalten. Dann sind sie häufig auf der Jagd – Thema des nächsten Kapitels –, manchmal auf einer Erkundungstour (besonders die jüngeren Erwachsenen) oder auf einer «Patrouille», um den Östruszustand der Weibchen des Gebiets zu kontrollieren (vor allem die «breeder-class»-Kater). Aber die Tatsache, daß wir solche Katzen oft allein antreffen, darf wiederum nicht als Indiz für den Lebensstil eines Einzelgängers gewertet werden, denn wir wissen, daß sie den größten Teil ihrer Zeit im Kerngebiet um das Primärheim verbringen – wie alle anderen Katzen, die dort wohnen!

Katzen, ökologisch betrachtet

11. Das Jagdverhalten

In diesem Kapitel möchte ich Ihnen die wichtigsten Aspekte des Jagdverhaltens unserer Hauskatzen erläutern; dabei stütze ich mich in erster Linie auf eigene Forschungsergebnisse sowie die Sichtung sehr vieler Studien, die (wie die Arbeit von Turner und Meister) zumindest am Rande auch Informationen über das Jagdverhalten der Katzen beinhalten (siehe *Empfohlene Literatur*; dort finden sich auch weitere Hinweise). Im folgenden geht es nun um die Fragen: Wie, was, wo und wann jagen Hauskatzen, und was tun sie mit ihrer Beute nach einem erfolgreichen Fangversuch. Ökologische Aspekte der Beziehung zwischen Katzen und ihren Beutetieren werden dann im nächsten Kapitel behandelt.

Wie jagt eine Hauskatze?

Die Jagd beginnt in der Regel mit der Suche nach geeigneter Beute. Wir haben viele Katzen auf ihren Jagdausflügen begleitet und dabei ihr Verhalten protokolliert. Ein typischer Jagdausflug sieht etwa folgendermaßen aus: Die Katze verläßt ihr Primärheim und benutzt oft Straßen, Feldwege oder Fußpfade, um schneller ein potentielles Jagdgebiet, z. B. eine frisch gemähte Wiese, zu erreichen. Wenn sie sich diesem Gebiet nähert, verringert sie ihre Geschwindigkeit, spitzt die Ohren und wendet den Kopf in jede Richtung, aus der sie ein vielversprechendes Geräusch hört. Manchmal sucht sie ein Areal im Zickzack-Muster ab, mitunter überquert sie ein Feld ziemlich geradlinig oder folgt einer «ökologischen» Grenze zwischen zwei Feldern. Jedenfalls hält sie immer wieder für einige Sekunden inne, betrachtet den Boden in ihr Nähe und achtet aufmerksam auf alle Bewegungen und Geräusche im Gras. Das Gehör und das Sehvermögen sind für das Auffinden der Beute außerordentlich wichtig. Jedes bewegte oder sich bewegende Objekt, das nicht zu groß oder zu schnell ist, weckt sofort das Interesse der Katze (auch das der Jungkatzen; es handelt sich um sogenannte Schlüsselreize, die einen angeborenen Auslöse-Mechanismus in Gang setzen). Auch der Geruchssinn kann ihr helfen, einem Mäusepfad bis zum Eingang in den unterirdischen Bau zu folgen. Es wird oft behauptet, daß eine Katze immer wieder zum gleichen Mäuseloch zurückkehrt; ich kenne keine Daten, die als Beweis für diese Auffassung gelten könnten, doch haben Katzen zweifellos ein gutes Erinnerungsvermögen und kehren zumindest öfters an den Ort zurück, wo sie schon einmal Erfolg hatten.

Wenn eine Katze ein potentielles Beutetier sichtet oder hört, verharrt sie unbeweglich und richtet ihre volle Aufmerksamkeit auf das Tier. Falls gerade ein Nagetier aus seinem Bau gekommen ist, wartet sie, bis es sich weit genug vom Eingang entfernt hat, bevor sie abspringt, damit es nicht schnell wieder zurückschlüpfen und entkommen kann. Die Spannung in ihrem Körper steigert sich bis zum Höhepunkt – dem Absprung (siehe Bildteil). Trotz des Abwartens und der Konzentration führen jedoch nicht alle Absprünge zum Erfolg, sondern nur etwa jeder zweite bis vierte, wenn es sich um Nagetiere handelt. Auch verharren die meisten Katzen im Gegensatz zur weitverbreiteten Meinung nicht «stundenlang» vor einem Mäuseloch, bevor sie weiterziehen (im Durchschnitt sind es nur einige Minuten); dies gilt insbesondere für die Mutterkatzen, die unter dem Druck stehen, ihren Nachwuchs zu Hause ernähren zu müssen. Doch wenn auch nicht jeder Absprung erfolgreich ist, gehen diese tüchtigen Jäger kaum einmal leer aus. Sie wechseln immer wieder ihren Standort (lokal oder großräumig) und benötigen in der Regel nur zwischen 30 Minuten und drei Stunden (je nach Jahreszeit und Beuteangebot), um einen Erfolg zu erzielen. Untersuchungen an abgeschossenen und überfahrenen Katzen haben ergeben, daß etwa die Hälfte der Tiere Feldbeute im Magen hatte, und zwar zwischen einem (bei den meisten Katzen) und zwölf Stücken! Obwohl ein solcher Jagdausflug mehrere Stunden dauern kann, beträgt die durchschnittliche Dauer nur etwa 30 Minuten. Ob mit oder ohne Erfolg, wenn die Katze die Jagd beendet, begibt sie sich meistens relativ schnell und auf ziemlich direktem Weg wieder nach Hause (und oft zu ihren Jungen).

Es scheint, daß Katzen hauptsächlich zwei Jagdstrategien verfolgen und eventuell je nach der Gegebenheit verschiedener Faktoren (die von den Wissenschaftlern noch nicht vollständig aufgeklärt sind) einsetzen: Es gibt zum einen die «stationäre» «Sitzen-

und-Warten»- oder kurz «S»-Strategie und zum andern die «mobile» oder «M»-Strategie. Im ersteren Fall bewegen sich die Katzen eher zielgerichtet auf ein potentielles Jagdareal zu und verweilen dort, wie oben geschildert, sitzend und wartend vor verschiedenen Mäuselöchern. Im letzteren Fall bleiben sie fast ständig in Bewegung und wechseln auch ihre Standorte, und sie versuchen nur dann etwas zu fangen, wenn sich eine Gelegenheit dazu bietet; diese «opportunistische» Strategie kommt vor allem beim Vogelfang zum Tragen.

Was jagt die Hauskatze?

Zwar gibt es einige «Vogelspezialisten», doch im allgemeinen ist die domestizierte Katze für die erfolgreiche Vogeljagd gar nicht ausgerüstet (siehe auch Kapitel 12). Das Warten vor dem Absprung ist ein so festverwurzelter Bestandteil ihres Jagdverhaltens, daß – zum Glück! – die meisten Vögel rechtzeitig entkommen. Zudem verrät das Gewicht des Räubers auf dünnen Ästen seine auch noch so vorsichtige Annäherung.

Nein, Katzen und ihr Jagdverhalten sind, unter dem Aspekt der Evolution gesehen, viel eher auf relativ kleine, unter der Erde lebende Nagetiere ausgerichtet. Sie werden auch von klein auf von dunklen Löchern und Spalten im Boden angezogen. In den gemäßigten Zonen fangen sie häufig Scher- und Wühlmäuse, also Feld- oder Waldrandbewohner, selten jedoch im Wald lebende Arten. Da sie allein jagen, können sie nicht allzu große Beutetiere schlagen; in einigen Gegenden wagen sie sich an Beute bis zur Größe eines jungen Kaninchens, aber normalerweise nehmen sie es mit keinem Tier auf, das größer ist als eine Ratte oder eine Taube. Häufig fangen sie Spitzmäuse, die Tag und Nacht aktiv sind und verhältnismäßig viel Lärm machen; sie sind aber für die meisten Katzen ungenießbar und werden häufig dem Besitzer präsentiert. Ähnliches scheint für Maulwürfe zu gelten. Die Liste von Beutetieren, die nur gelegentlich gefangen werden, ist sehr umfassend (siehe *Empfohlene Literatur*, Fitzgerald) und nach Angebot, Jahreszeit, Lebensraum und anderen Faktoren breit gefächert. Doch meistens spielen diese Tiere im «Speiseplan» der Katzen keine bedeutende Rolle, und mit wenigen Ausnahmen (siehe Kapitel 12) werden ihre Bestände durch die Katzen nicht gefährdet.

Wo jagt die Katze?

Zuweilen kann es vorkommen, daß eine Katze regelmäßig den gleichen Teil (oder die gleiche Wiese) ihres *Home-Range* aufsucht, um dort zu jagen, eventuell wegen früherer dortiger Erfolge. Dieser Umstand erweckt bei den Besitzern oft den Eindruck, Katzen hätten spezielle Jagdreviere. Wenn man aber einer Katze über längere Zeit folgt und ihre Ausflüge und Aufenthaltsorte auf einer Karte einzeichnet, stellt man fest, daß sie fast ihr ganzes *Range* (außerhalb des Kerngebiets um das Haus) in die Jagd einbezieht, und zwar fast gleichmäßig. Wahrscheinlich ist dies auf den Rhythmus der landwirtschaftlichen Nutzung des Bodens durch die Bauern zurückzuführen Viele Katzen ziehen für die Jagd frisch gemähte Wiesen, Weiden mit relativ kurzem Gras und abgeerntete Kulturfelder vor. Außerdem suchen sie die Grenzen zwischen den Feldern nach Beute ab; es ist anzunehmen, daß die Nagetiere an diesen Orten leichter zu entdecken und zu fangen sind. Da heutzutage praktisch alles Land intensiv genutzt, jedoch nicht gleichzeitig gemäht oder abgeerntet wird, erstreckt sich die Jagdtätigkeit einer Katze mit der Zeit über ihr ganzes *Range*.

Katzen in ländlichen Gegenden, vor allem aber Kater mit ihren größeren *Home-Ranges*, werden oft in Waldpartien gesichtet. Untersuchungen des Mageninhalts von Katzen, die im Wald geschossen wurden, zeigen aber, daß dort nur wenige oder keine im Wald lebenden Beutetiere gefangen und gefressen werden; auch in den Mägen dieser Katzen finden sich meistens auf dem Feld lebende Beutetierarten – und sehr häufig auch Küchenabfälle oder Reste von Dosennahrung! Da die Hauskatze erwiesenermaßen keine Bedrohung für im Wald lebende Beutetierarten und keine Konkurrenz für (menschliche) Jäger darstellt (siehe das nächste Kapitel), bleibt nur noch das Argument, die Tollwut müsse bekämpft werden, um die Freigabe von Katzen als jagdbares «Wild» zu rechtfertigen – wenn sie im Wald, in der Nähe eines Waldes oder weit entfernt von einer Siedlung angetroffen werden. Da aber sehr viele dieser Katzen, wie ihr Mageninhalt beweist, doch an einen Haushalt gebunden und nicht «verwildert» sind (letzteres wird nur vermutet, weil ihre mitunter weitläufigen Streifgebiete ein Stück Wald einschließen), sollten sie ausschließlich in Tollwut-Sperrgebieten für den Abschuß freigegeben werden. Es ist wirklich an der Zeit, die Jagdgesetze entsprechend den neueren Forschungsergebnissen abzuändern, damit unsere geliebten Hausgenossen nicht mehr so oft als Zielscheiben dienen müssen!

Wann jagt die Katze?

Obwohl wir fast nichts über das Verhalten der Vorfahren unserer Hauskatzen – der afrikanischen Wildkatzen – wissen, gilt es als ziemlich sicher, daß sie während der Nacht und in den Dämmerungsstunden aktiv waren oder sind. Wie wir im Kapitel über die Sinnesleistungen erfahren haben, sind bei unseren heutigen Hausgenossen viele Anpassungen an das Leben in den dunkleren Stunden des Tages festzustellen. Nach landläufiger Meinung sind Katzen nachtaktive Tiere; dies trifft auch zu, doch sind die Katzen nicht mehr so eng an diese Tageszeit gebunden wie vielleicht früher. Man kann sogar sagen, daß sie tagsüber ebenso aktiv sind wie nachts. Eine Studie zeigt, daß etwa 60% ihres «aktiven» Verhaltens in die Zeit zwischen Morgen- und Abenddämmerung fallen und etwa 80% ihrer Schlafperioden zwischen der Abend- und Morgendämmerung liegen. Eine weitere Untersuchung stellte fest, daß Katzen etwa 50% ihrer Beute am Tag, 20% in den Dämmerungsstunden und (nur) 30% während der Nacht fangen. Es scheint, als hätte sich die Katze an das Aktivitätsmuster des tagaktiven Menschen angepaßt.

Ein Überblick über die verschiedenen Studien ergibt ferner, daß Katzen zwischen 0 und 46% des vierundzwanzigstündigen Tages mit Jagdaktivitäten verbringen, wobei die Werte von Individuum zu Individuum, von Tag zu Tag, je nach Geschlecht, der Jahreszeit, dem sozialen Rang usw. stark variieren. An Sommertagen vermeiden Katzen die heißesten Stunden und jagen häufiger während der Dämmerung und der Nacht; in den kühleren Jahreszeiten jagen sie, wenn es am wärmsten ist. Sie gehen häufig während leichten Regenfällen und unmittelbar nach kräftigen Wolkenbrüchen auf die Pirsch (vielleicht sind die Beutetiere dann weniger aufmerksam) und kommen manchmal sogar nach einem Schneefall zum Erfolg.

Es ist sehr schwierig vorauszusagen, wann genau eine bestimmte Katze auf die Jagd gehen wird. Relativ häufig brechen sie gleich auf, nachdem sie eine Schüssel mit Tischresten oder etwas Dosennahrung gefressen haben (siehe auch Kapitel 18). Ausgehend von Paul Leyhausens eingehenden ethologischen Untersuchungen des Motivationssystems der Katzen, läßt sich dies ganz einfach erklären: Bei Katzen sind die Verhaltensmuster, die mit dem Fangen, Töten und Fressen in Zusammenhang stehen, relativ unabhängig voneinander, und das Fangen und Töten hat mit dem Ausmaß des tatsächlichen Hungers wenig zu tun. Das ist bei einer hochentwickelten Tierart, die auf kleine Nahrungshappen, eben Mäuse, spezialisiert ist, auch zu erwarten.

Und nach dem erfolgreichen Fang?

Eine Katze hat im Grunde genommen drei Möglichkeiten, mit dem gefangenen Beutetier umzugehen: Sie kann a) es sofort am Fangort töten und fressen; b) es tot oder lebend zu ihrem Primärheim zurücktragen; oder c) zuerst mit ihm «spielen», bevor sie es selbst draußen tötet und frißt oder zu Hause von den Jungen fressen läßt.

Erwachsene Katzen können ihre Beute auf effiziente Weise töten. Die Verengung der Körperform in der Nackengegend des Beutetiers löst einen der Katze angeborenen Mechanismus aus, der ihren Biß präzise an diese Stelle steuert. Die starken Kiefer zerbrechen oder knicken die Wirbelsäule, was zum sofortigen Tod des Beutetiers führt.

Es gibt verschiedene mögliche Erklärungen für das Heimtragen von Beutetieren. Weibchen, vor allem solche, die Jungtiere zu versorgen haben, tun dies relativ häufig; aber auch kastrierte und unkastrierte Kater bringen gelegentlich Beute nach Hause. Leyhausen vermutet, daß das Fehlen männlicher Hormone der Grund dafür sein könnte, doch spricht die Tatsache, daß auch unkastrierte Kater Beute zutragen, eindeutig dagegen. Auch postulierte er, daß Katzen ihre Besitzer als «Ersatzjunge» behandeln, doch wie schon gesagt, haben Kater, die sich ebenso verhalten, nichts mit der Aufzucht ihres Nachwuchses zu tun. Es ist denkbar, daß alle Katzen (insbesondere die Nicht-Muttertiere) Beute heimtragen, die sie sonst aus irgendeinem Grund nicht fressen würden. (Es ist erstaunlich, wie oft ich Spitzmäuse vor unserer Tür finde!) Vielleicht hat es aber auch mit dem in Altägypten ursprünglich bevorzugten Apportierverhalten zu tun. Um ganz ehrlich zu sein: Niemand weiß im Moment die Antwort auf dieses Rätsel.

Geht man jedoch von den verschiedenen Ergebnissen aus Kolonieuntersuchungen aus, ist zu vermuten, daß die Art der von einem Muttertier heimgetragenen Beute die späteren Vorlieben ihrer Nachkommen beeinflußt.

Das «Spielen» mit lebenden Beutetieren mag «grausam» erscheinen, doch ist es das nicht. Wir haben schon gesehen, daß die Mütter auf diese Weise ihren Jungen helfen, effiziente Jäger zu werden. Wenn eine erwachsene Katze sonst mit einem Beutetier spielt, ist es ein Zeichen dafür, daß sie sich in einer Konfliktsituation befindet, z. B. in einem Konflikt zwischen dem Ausmaß ihres Hungers und einer «unangenehmen» Eigenschaft des Beutetieres, etwa dem Geschmack oder der Größe. Das Spielen mit dem Tier hilft ihr in solchen Fällen, den Konflikt zu lösen. Und das sollten wir genauso akzeptieren wie das Jagdverhalten im allgemeinen – als Bestandteil ihres so hoch eingeschätzten «natürlichen» Verhaltens. Mehr dazu im nächsten Kapitel.

12. Beute-Beziehungen

Endlich einmal hat ein hochqualifizierter Ökologe, B. Mike Fitzgerald aus Neuseeland, alle Studien, die sich mit den Beziehungen zwischen Katzen und ihren Beutetieren auf Populationsebene befassen, zusammengetragen und kritisch betrachtet (siehe *Empfohlene Literatur*); damit ist es endlich möglich geworden, die Auswirkungen der Katzenbestände auf die Bestände der von ihnen gejagten Beutetiere sachlich zu diskutieren.

Der Einfluß auf die Vogelbestände

Zunächst ist festzustellen, daß die Verhältnisse in unseren Gärten in den Städten und Siedlungsgebieten nicht repräsentativ sind. In diesen Gebieten wurden verschiedene Vogelarten (z. B. der Haussperling), die als sogenannte Kulturfolger gelten, durch den Menschen teils absichtlich (z. B. durch Fütterung im Winter), teils unabsichtlich (die Art der Bebauung und der Bepflanzung) begünstigt und gefördert. Zudem haben Menschen alle Mittel eingesetzt, um die Nagetiere in den Siedlungen zu eliminieren. Ist es daher verwunderlich, wenn eine Hauskatze gelegentlich einen Vogel erbeutet? Diverse Studien zeigen, daß der aus Vögeln bestehende Anteil der Katzenbeute in den Städten, an den Stadträndern und in den übrigen Siedlungsgebieten deutlich höher liegt als in ländlichen Gegenden. Aber auch einige dieser Studien basieren auf Daten, die nicht unbedingt als repräsentativ gelten müssen, nämlich auf Zahlen von Beutetieren, die von Katzen nach Hause getragen wurden. Es ist erwiesen, daß Katzen manche Beutetierarten nach Hause tragen und nicht oder nur selten fressen, andere nach Hause gebrachte Beute hingegen meistens fressen. Die Tiere, die von Siedlungskatzen im Feld gefressen werden, fehlen in solchen Daten, und es ist denkbar, daß die Katzen, die Vögel mitgebracht haben, im Feld einen höheren Prozentsatz an Nagetieren fangen und fressen. Öfters müssen sie nicht einmal die Vögel nach Hause «bringen»: Sie fangen sie eher dort, wo es noch Bäume gibt (und wir sie besser sehen können), und es gibt halt wenige (und immer weniger) Bäume mitten in den landwirtschaftlich genutzen Feldern!

Sicher tut es auch mir leid, wenn eine meiner eigenen Hauskatzen einen Vogel erbeutet. (Sie erinnern sich, daß wir nicht solche gefühllose Forscher sind, wie es manchmal scheint.) Aber es hilft, wenn man in einem solchen Fall daran denkt, daß die Katze, die trotz ihrer Domestikation immer noch ein Raubtier ist, nur ihr natürliches Verhalten zeigt und daß ihre Beutetiere sich – unter dem Aspekt der Evolution gesehen – auch unter dem natürlichen Selektionsdruck von Raubtieren entwickelten. Aber am meisten beruhigen mich die Erkenntnisse aus Fitzgeralds Zusammenschau von mehr als 50 Studien aus der ganzen Welt (siehe Bildteil), die z. T. von Vogelschutzverbänden finanziert wurden: «Festlandkatzen erbeuten vor allem Kleinsäuger, insbesondere junge Hasenartige und Wühlmäuse, während Vögel nur einen kleinen Teil ihrer Nahrung ausmachen und Reptilien einen noch kleineren, außer in niedrigen Breitengraden, wo sie wichtiger sein können, als allgemein angenommen wird.» Und um einen längeren Abschnitt seiner Darstellung auf einen kurzen Nenner zu bringen: *Keine einzige Studie konnte bis heute nachweisen, daß unsere Hauskatzen den Bestand irgendeiner einheimischen Vogelart auf dem Festland (siehe weiter unten) gefährden.*

Obwohl es also keine Beweise für eine *direkte* Gefährdung der einheimischen Vogelbestände gibt, besteht immerhin die Möglichkeit, daß sie aufgrund der Nahrungskonkurrenz durch die heutigen Katzenbestände *indirekt* beeinflußt werden, vor allem die Greifvögel. Dies muß durch weitere, sorgfältig geplante Felduntersuchungen (mit integrierten Kontrollversuchen) abgeklärt werden; allerdings würde ich nur einen unbedeutenden Einfluß erwarten, der erst dann zum Tragen kommt, wenn der Bestand der für Vögel wie auch für Katzen geeigneten Beutetierarten so niedrig ist, daß er den Greifvögelbestand ohnehin nicht mehr ernähren könnte.

Nun gib es immer noch das «Problem» der Vogelspezialisten unter den Katzen, die mehr als den ihnen «zustehenden» Anteil an Vögeln fangen, auch wenn dies den Bestand als solchen nicht gefährdet. Vielleicht sollte vorausgeschickt werden, daß die Existenz solcher Spezialisten noch nie mit Daten *aus Felduntersuchungen* nachgewiesen wurden; es handelt sich also nur um einzelne Beobachtungen von Tieren, die relativ häufig Vögel nach Hause tragen. Wir wissen lediglich aus einigen (nicht von uns selbst durchgeführten) Kolonieuntersuchungen, daß die Erfahrungen, die eine Jungkatze mit verschiedenen Beutetieren macht, ihr späteres Fangverhalten und ihre Nahrungspräferenzen beein-

flussen können. Unter der Voraussetzung, daß dies auch für freilaufende Katzen gilt, sollten wir versuchen, unsere Jungkatzen
gar nicht erst «auf den Geschmack» von Vögeln kommen zu
lassen. Von Muttertieren für ihren Nachwuchs nach Hause gebrachte Vögel (dies habe ich persönlich nie beobachtet), sollten
wir wegnehmen, wenn wir Gelegenheit dazu haben, ebenfalls
Vögel, die sie für sich selbst oder den Besitzer heimtragen – ohne
irgendein aufmunterndes Wort zu sagen. Man kann zudem auch
Halsbänder mit einem kleinen Glöckchen daran ausprobieren;
allerdings ist mir keine Untersuchung ihrer Wirksamkeit bekannt, und ich vermute, daß die Vögel den meisten Katzen ohnehin aus anderen Gründen entkommen.

Der Einfluß auf die Inselfauna

Im Gegensatz zu der Situation auf dem Festland stellen die von
Menschen auf Meeresinseln mitgebrachten und freilaufenden
Hauskatzen eine ernsthafte Gefahr für die dortigen Tierbestände
dar. Laut Fitzgeralds Ermittlungen sind sie die Hauptursache für
das Verschwinden vieler Seevögel und das Aussterben einiger
endemischer Landvogelarten. Inselkatzen ernähren sich von einigen wenigen eingeführten Säugetierarten und von Vögeln, insbesondere den Brutkolonien von Seevögeln. Diese Vogelbestände
entwickelten sich ursprünglich ohne jede Bedrohung durch
Raubsäugetiere und haben fast keine Chance, den in jüngeren
Zeiten eingeführten jagderfahrenen Raubkatzen zu entgehen.
Ich muß mich in diesem Fall mit Fitzgeralds Schluß einverstanden erklären: «Es sollte alles unternommen werden, um Katzen
von nicht permanent bewohnten Inseln zu entfernen und nicht
auf weiteren Inseln freizusetzen.» Hier müssen die Natur- und
Vogelschutzorganisationen dieser Welt noch aktiver werden.

Der Einfluß auf Säugetierbestände

Ein von sehr vielen (nicht aber allen) Leuten als positiv bewerte-
ter Aspekt des raubtierartigen Wesens der Katzen ist die Schäd-
lingskontrolle. Seit ihrer Domestikation wurde die Hauskatze sowohl in der Landwirtschaft als auch in den Städten als Mäuse-
und Rattentöter geschätzt. In den 50er Jahren unseres Jahrhunderts haben jedoch einige Ökologen die Fähigkeit irgendeiner
Raubtierart, ihre Beutebestände zu kontrollieren, in Frage gestellt.

Die Beziehungen zwischen einem Raubtier und seinen Beutetieren sind außerordentlich schwierig zu analysieren. Einerseits
erfordert dies langjährige Untersuchungen (damit auch zyklische
Veränderungen der Bestände berücksichtigt werden können) mit
eingebauten Kontrollen (man benötigt z. B. ein Testgebiet mit
Raubtieren und eines ohne sie); andererseits sind meistens mehrere Raubtierarten involviert, und es ist nicht einfach, den Einfluß jeder Art getrennt zu erfassen.

Doch angesichts der wachsenden Menge der zur Verfügung
stehenden wissenschaftlichen Daten scheinen die Ökologen langsam ihre Meinung zu ändern. Fitzgerald berücksichtigt auch die
jüngsten Forschungsergebnisse (zum Teil auch seine eigenen,
sorfältig gesammelten Daten) und kommt zu dem Schluß, daß die
domestizierte Katze (manchmal «in Zusammenarbeit» mit anderen Räubern) tatsächlich imstande ist, ihre Beutebestände zu re-
gulieren und unter gewissen Umständen (vor allem wenn sie verschiedene Beutearten bejagt) auf einem tiefen Niveau zu halten.

Ich weiß natürlich nicht, wie Sie darüber denken – ich jedenfalls hätte statt mehr Nagetiergift lieber mehr Katzen in unserer
Umwelt – solange sie richtig gepflegt und artgerecht gehalten
werden (siehe Kapitel 18 und 19).

13. Wie «natürlich» sind unsere Hauskatzen?

Alt Deuteronomium lebte schon lang
Seit schier unzählbaren Katertagen,
Gefeiert im Sprichwort, gerühmt im Gesang,
Eh Queen Victoria Krone getragen.
Alt Deuter begrub neun Weiber und mehr,
Ich möchte fast wetten auf neunzig plus neun
Hat Katerskinder wie Sand am Meer ...

T. S. Eliot, Old Possums Katzenbuch

Mittlerweile sind seit der Domestikation der ersten Hauskatzen in Ägypten vier bis viereinhalb Jahrtausende vergangen; nach mehreren tausend Generationen genießen heute deren tatsächlich über 100 Millionen Nachkommen das Leben. Wie weit hat sich nun das Verhalten unserer Hausgenossen von demjenigen ihrer wilden Vorfahren entfernt?

Die Antwort muß wahrscheinlich (wegen der fehlenden Informationen über das Verhalten der afrikanischen Wildkatze) lauten: «nicht allzuweit», vor allem deswegen, weil die bisherigen «züchterischen Ziele» vorwiegend auf die Anhänglichkeit der Katze (im weitesten Sinne) und ihre Morphologie (also ihr Aussehen) ausgerichtet waren. Nach ihrer ursprünglichen Zähmung, dem ersten Schritt im langen Domestikationsprozeß, fand höchstwahrscheinlich eine künstliche Selektion statt, die solchen Tieren den Vorzug gab, die besonders fügsam waren, wobei es keine Rolle spielte, ob die Tiere speziell verpaart waren oder einfach mehr an das Haus gezogen oder in dessen Nähe geduldet wurden. Die Beibehaltung pädomorphischer (Kind-ähnlicher) Eigenschaften erwachsener Tiere wurde sicherlich bevorzugt: Denken Sie an das Spielverhalten, den Milchtritt und vielleicht auch das Schnurren. Oft ist eine domestikationsbedingte Verhaltensänderung nur auf eine Veränderung der das Verhalten auslösenden Reizschwelle zurückzuführen.

Wie schon im letzten Kapitel erwähnt, sind die heutigen Hauskatzen tagsüber aktiver geworden als ihre Vorfahren. Das ist aber kaum eine genetisch verankerte Domestikationserscheinung (allenfalls indirekt, insofern Tiere, die wenig Scheu gegenüber Menschen gezeigt haben, bevorzugt wurden), sondern wahr-

99

scheinlich eine modifikatorische (d. h. erlernte) Anpassung an das Zusammenleben mit dem tagaktiven Menschen.

Was ihr innerartliches Sozialverhalten und die räumliche Organisation anbelangt, sind die Katzen zwar sehr anpassungsfähig – je nach Nahrungsmenge und Verteilungsmuster können sie allein oder in großen, sozial strukturierten Gruppen leben –, aber es ist möglich, daß sie schon immer so waren. Paul Leyhausen erwähnt in diesem Zusammenhang den Begriff «generisches Verhalten», der von Adolf Haas geprägt wurde; er besagt, daß eine Tierart das ganze Verhaltensrepertoire der Gattung und sogar noch höherer Taxa, zu denen die Art gehört, in sich trägt. Vieles von dem, was wir an unseren Hauskatzen beobachten, kennen wir auch von anderen wilden Feliden: den Ablauf des Paarungsakts mit dem Nackenbiß (Kapitel 8), das gegenseitige Kopfreiben (Kapitel 14) mit dem sich auch Löwen nach einer Trennung begrüßen, das «Markieren» mit Harn (Kapitel 20) oder das Wetzen der Krallen (Kapitel 21), das ebenfalls bei Löwen und anderen wilden Verwandten vorkommt.

Aber es gibt sicher auch Grenzen ihrer Anpassungsfähigkeit (sie werden in den Kapiteln 17 und 21 besprochen), deren Überschreitung zu körperlichen und seelischen Defekten und zu Störungen der Beziehung zwischen Besitzern und ihren Katzen führen kann. Die Hauskatze ist trotz der etwa 4000 Jahre ihres Zusammenlebens mit Menschen *eigenwillig* und relativ *selbständig* geblieben; sie ist *immer noch ein Raubtier*, das nötigenfalls (oder wenn es unerwünscht ist oder gar mißhandelt wird) durchaus fähig ist, sich «auf eigene Faust» durchzuschlagen und zu überleben. Aus diesem Grund ist es vielleicht nicht ganz korrekt, vom «Besitzer» einer Hauskatze zu reden, denn die Katze kommt nur dann zu ihm, wenn *sie* es will. Wenn wir diese Tatsache jedoch einmal grundsätzlich anerkennen und respektieren, können wir die Beziehung der Katze zum Menschen mit Hilfe einiger Tricks beeinflussen (dies ist Thema des nächsten Kapitels) und vielleicht die Qualität unserer Beziehung zu ihr (siehe Kapitel 15) verbessern.

Katzen und Menschen

14. Die Beziehung der Katze zum Menschen

Obwohl wir uns in diesem Kapitel auf die Beziehung der Katze zum Menschen konzentrieren, dürfen wir nicht vergessen, daß alle Beziehungen im Grunde genommen zweiseitig sind und beide Partner umfassen, die ja miteinander interagieren. Da aber in den letzten Jahren sehr viele Informationen zu diesem Thema erschienen sind, behandle ich der Einfachheit halber die Beziehung des Menschen zur Katze erst im nächsten Kapitel.

Die sensible Phase der Sozialisierung

Jedes Jungtier muß irgendwie das seinen Artgenossen gegenüber normale Verhalten *lernen*, auch wenn das Erbgut ein Grundgerüst dafür liefert. Diesen Prozeß nennen wir «Sozialisierung»; er beginnt mit den ersten Reaktionen des Neugeborenen auf die Mutter oder die Eltern, dann auf die Wurfgeschwister, später auf andere Gleichaltrige und zuletzt auf alle Artgenossen, mit denen es zu tun hat. Die Ethologen haben festgestellt, daß das Jungtier relativ früh in seinem Leben «sensible Phasen der Sozialisierung» durchläuft; alle Erlebnisse mit Artgenossen, aber auch andere Erfahrungen, die es während dieser Phasen sammelt, haben nachhaltige Wirkungen auf spätere soziale Bindungen.

Auch bei jungen Katzen gibt es eine sensible Phase der Sozialisierung. Wir haben schon aus Rosemarie Schärs Arbeit erfahren, daß Jungtiere, die zusammen mit anderen Katzen in einem sozialen Milieu aufwachsen, später ihren Artgenossen gegenüber eher sozio-positiv eingestellt sind und daß die Kätzchen, die ohne soziale Kontakte oder mit vorwiegend negativen Erfahrungen aufwachsen, dazu tendieren, Einzelgänger zu bleiben. Der chinesische Verhaltensforscher Zing-Yang Kuo hat schon in den 30er Jahren gezeigt, daß beispielsweise Jungkatzen, die zusammen mit Ratten im gleichen Käfig aufwuchsen, später andere Ratten als Gefährten und nicht als potentielle Mahlzeiten behandelten. Und wir wissen, daß Jungkatzen auch mit Menschen sozialisiert werden *können*.

Die eingehendsten Untersuchungen der sensiblen Phase der Sozialisierung junger Katzen mit Menschen hat meine Kollegin Eileen Karsh in Philadelphia durchgeführt. Nach langjährigen Versuchen, in deren Verlauf viele Jungkatzen verschiedenen Alters unterschiedlich lange gestreichelt, auf dem Schoß eines Mitarbeiters beschäftigt und später auf ihr Verhalten gegenüber anderen Menschen getestet wurden, hat sie folgendes festgestellt: Bei Jungkatzen fällt die sensible Phase der Sozialisierung mit Menschen zwischen die 2. und 7. Lebenswoche. Katzen, die in diesem Alter viel gestreichelt werden und Kontakte mit verschiedenen Menschen haben, entwickeln sich zu menschenfreundlichen und zutraulichen Tieren; ohne den Kontakt während dieser Phase bleiben die Tiere zumindest den meisten Menschen gegenüber scheu oder sogar ängstlich.

Wir sehen (auch in *Tabelle 3*) also gewisse Parallelen zwischen der Einstellung zu Artgenossen und der zu Menschen, je nach den Erfahrungen, die eine Jungkatze früh in ihrem Leben gemacht hat. Es stellt sich nun die Frage, ob Katzen, die mit Menschen sozialisiert wurden, sich ihren Artgenossen gegenüber ebenfalls sozial verhalten, oder ob Mensch und Artgenosse als Konkurrenten um die «Aufmerksamkeit» des Jungtiers zu betrachten sind. Eine erste Untersuchung in dieser Richtung führt derzeit meine Diplomandin Annelies Hediger durch. Sie konnte bereits feststellen, daß in unserer Kolonie die Katzen, die als besonders menschenfreundlich gelten, weder besonders gute noch besonders schlechte Beziehungen zu ihren Koloniegenossen haben. Es scheint, wenigstens auf den ersten Blick, daß die Sozialisierungen mit Menschen und Artgenossen unabhängig voneinander verlaufen oder sich zumindest nicht gegenseitig ausschließen.

Tabelle 3: *Ähnlichkeiten in der Haltung gegenüber Menschen und Artgenossen im Verhältnis zu frühen Erfahrungen mit beiden (nach Turner, 1988).*

	mit viel Früh-Kontakt	mit wenig Früh-Kontakt
Haltung gegenüber: Menschen	zutraulich, freundlich	scheu, ängstlich
Artgenossen	Sozialer Typ	Einzelgänger-Typ

Es besteht also kein Grund, Jungkatzen früher von ihren Müttern wegzunehmen. Im Gegenteil sprechen einige Gründe dafür, sie länger bei ihnen zu lassen: Obwohl die Entwöhnung – die Umstellung auf feste Nahrung – meistens bis zur 8. Lebenswoche abgeschlossen ist, können die Jungtiere immer noch viel Nützliches von ihren Müttern und Geschwistern lernen. Weitere Untersuchungen zeigen, daß die Kleinen ebenfalls fähig sind, ihre Früherfahrungen mit einem oder mehreren Menschen zu verallgemeinern und auf andere Menschen, einschließlich der späteren Besitzer, zu übertragen. Nach unserem heutigen Wissensstand wird eine Jungkatze, die früh von der Mutter entfernt wird, nicht anhänglicher als ein Tier, das in Anwesenheit der Mutter gleich viel Kontakt mit Menschen gehabt hat. Wie wir noch sehen werden, kann die Anwesenheit des Muttertieres die erste Beziehung ihres Nachwuchses zu Menschen sogar fördern.

Weitere Einflüsse auf die Beziehung der Katze zum Menschen

Wie bereits berichtet, haben wir festgestellt, daß die *Gene des Vatertieres* bei jenen Verhaltensmustern eine Rolle spielen, die wir mit der «Freundlichkeit gegenüber Menschen» in Verbindung bringen. Es ist denkbar, daß sich ihr Einfluß «lediglich» auf die Entwicklungsgeschwindigkeit der Nachkommen und somit auch auf die sensible Phase der Sozialisierung auswirkt. Auf jeden Fall sind die Früherfahrungen einer Jungkatze mit Menschen für ihre späteren Beziehungen mindestens ebenso wichtig wie das Erbgut.

Das Muttertier leistet, wahrscheinlich auch im Hinblick auf deren spätere Beziehungen zu Menschen, für ihre Jungen aber mehr als der Vater. Meine ehemalige Diplomandin Heidi Rodel interpretierte ihre diesbezüglichen Daten etwa so: Die Anwesenheit der Mutterkatze in einer den Jungtieren vorerst fremden Umgebung baut deren *Xenophobie* (Angst vor dem Fremden) ab, wirkt vertrauensbildend und erlaubt ihnen, *Neugierde* zu zeigen; sie fangen an, ihre Umgebung zu erkunden. Wenn sich nun zunächst unbekannte Personen in dieser Umgebung aufhalten, werden sie auch von den durch die Anwesenheit der Mutter beruhigten, neugierigen Jungtieren «beschnuppert» und mit der Zeit zu bekannten und vertrauten Wesen. Außerdem vermute ich, daß die Jungen einer menschenscheuen Mutter ebenfalls relativ scheu bleiben dürften, weil zum einen die Anwesenheit dieser Mutter in der Gegenwart einer fremden Person das Kätzchen nicht beruhigt, sondern eventuell sogar beunruhigt, und zum anderen solche Mütter dazu neigen, ihre Nester zu verstecken, was zu verspäteten Erstkontakten mit Menschen, die vielleicht erst nach Ablauf der sensiblen Phase der Sozialisierung stattfinden, führen könnte. Ihre Beobachtungen dazu würden uns helfen, diese Fragen zu klären (siehe Kapitel 23).

Aber auch die *Fütterung* der Katze (nicht unbedingt die Art des Futters, sondern die Handlung als solche) beeinflußt ihre Interaktionen mit Menschen. Karin Stammbach-Geering aus meiner Arbeitsgruppe konnte zeigen, daß ein zunächst nicht weiter beachteter Interaktionspartner vorübergehend zum bevorzugten Partner avancierte, nachdem er begonnen hatte, die Tiere zu füttern. Diese statistisch gesicherte Bevorzugung des Fütterers verschwand aber mit der Zeit, wahrscheinlich weil die beiden Versuchspersonen sonst nicht mit den Tieren interagieren durften. Seien Sie also beruhigt: Die Liebe der Katze geht nur zum Teil durch ihren Magen! Trotzdem ein Tip für Familienmitglieder, die sich mehr Aufmerksamkeit seitens ihrer Katze wünschen, zumindest so viel, wie sie der Hausfrau schenkt:

Versuchen Sie mehrere Tage hintereinander, das Futter für ihre Katze selbst vorzubereiten und ihr hinzustellen (falls ihre Frau oder Mutter das erlaubt). Sobald Sie (und ihre Frau oder Mutter) bemerken, daß es funktioniert und die Katze darauf reagiert, können Sie abwechselnd diese wirklich dankbare Arbeit ausführen.

Schließlich beeinflussen auch die *späteren Erfahrungen*, die eine Katze nach dem Ende ihrer sensiblen Phase mit verschiedenen Personen macht, ihre Beziehung zum Menschen. Allerdings vermute ich, daß diese Wirkung davon abhängt, wie die anfängliche Sozialisierung verlaufen ist: Eine Katze, die während der sensiblen Phase wirklich mit Menschen sozialisiert wurde, braucht nur wenige positive Erfahrungen mit anderen Personen, um ihre Zutraulichkeit zu bestätigen, und verkraftet auch einige negative Erfahrungen; hingegen benötigt ein nicht (oder nicht mit Menschen) sozialisiertes Tier extrem viele positive Erfahrungen, um seine Scheu (wenigstens gegenüber einer Person) zu verlieren, es verkraftet aber so gut wie keine negativen Erfahrungen. Viele Tierheimleiter werden dies bestätigen können.

Sicherlich werden wir in Zukunft weitere Faktoren entdecken, die sich auf die Beziehung der Katze zum Menschen auswirken; einige Faktoren, die darauf *keinen* Einfluß haben, verdienen jedoch Erwähnung. Claudia Mertens und ich konnten nachweisen, daß das Geschlecht der Katze und, mit einer Ausnahme, auch der Personentyp (Mann, Frau, Knabe oder Mädchen) wenig bis keinen Einfluß auf das spontane Verhalten des Tieres während Erstbegegnungen haben. Wie sich Alter und Geschlecht der Person später auf die Beziehung der Katze zum Menschen auswirken, können wir noch nicht sagen; aber zumindest hat die Katze zunächst keine Vorliebe für und keine Abneigung gegen das eine oder andere Geschlecht oder Alter.

Ist die Katze mehr an einen Ort oder an ihren Besitzer gebunden?

Diese Frage ist aus verschiedenen Gründen sehr schwer zu beantworten, nicht zuletzt deswegen, weil die Antwort von Fall zu Fall anders ausfallen könnte. Meistens führen Personen, die diese Frage stellen, die vielen Berichte, denen zufolge Katzen nach dem Umzug ihrer Besitzer den Weg zum früheren Heim zurückfinden, als Beweise für Ortsgebundenheit an. Auch wenn wir die Fälle von Katzen, die *zu früh* ins Freie gelassen wurden – d. h. noch bevor sie sich in der neuen Wohnung heimisch fühlen konnten –, außer acht lassen, ist nicht zu leugnen, daß Katzen seit ihrer Domestikation immer ortstreue Tiere waren und auch heute noch sind. Andererseits dürfen wir nicht vergessen, daß verschiedene Aspekte mit dem Komplex «Ort» verbunden sind: das Futter (auch das von liebvollen Nachbarn verabreichte), die menschliche Gesellschaft (wieder die lieben Nachbarn) und die jeweilige Katzengesellschaft, in die ein Tier integriert ist. Ich kenne auch Fälle von Katzen, die (wenn auch nicht allzu weit) weggegeben wurden und ihren Weg zum ursprünglichen Heim zurückfanden. Ist das Orts- oder Besitzergebundenheit? Aber ich kenne ein Hundertfaches an Fällen, in denen Besitzer *mit* ihren Katzen erfolgreich umgezogen sind, dazu auch einige Fälle, in denen die Katzen *freiwillig* den Ort gewechselt und sich *einen neuen Besitzer* gesucht haben. Solche Beispiele deuten zumindest auf eine stärkere Bindung an Menschen als an Orte.

Und es gibt hierfür weitere Anhaltspunkte: Claudia Mertens und ich stellten fest, daß Katzen viel häufiger ihren Kopf an Menschen reiben, die sie kennen und denen sie vertrauen. Gill Kerby und David Macdonald fanden heraus, daß Katzen des gleichen Hofes sich relativ häufig gegenseitig am Kopf reiben, vor allem die Katzen, die sehr gute Beziehungen zueinander haben (siehe Bildteil). Da alle Katzen Drüsen an Gesicht und Kopf haben (siehe Kapitel 5), aber nur die Katzen des gleichen Hofes in relativ häufigem Kontakt miteinander stehen, vermuten wir einen der Gruppe eigenen Geruch auf den Köpfen dieser Tiere. Wenn diese Vermutung zutrifft, bedeutet das Kopfreiben am menschlichen Partner nicht nur eine Gebärde der Zuneigung; durch Kopfmarkieren zeigt die Katze dann nämlich auch, daß wir zur gleichen Gruppe gehören! Und das wäre wirklich ein Zeichen der Verbundenheit mit dem Besitzer.

Die Moral dieser Geschichte: Wenn Sie umziehen und es die Umstände am neuen Wohnort erlauben, so nehmen Sie ihre Katze mit! Sie ist wahrscheinlich stärker an Sie als an Ihren alten Wohnort *gebunden. Aber geben Sie der Katze genügend Zeit (mindestens zwei bis vier Wochen), um sich an die neue Wohnung zu gewöhnen, bevor Sie sie hinauslassen! Wenn Sie die Katze nicht mitnehmen können, so fragen Sie einen lieben Nachbarn, ob er nicht dem Tier ein neues Zuhause geben möchte.*
Aber bitte die Katze nicht einfach zurücklassen oder aussetzen! *Sie würde vielleicht die vielen Gefahren überstehen, doch sehr viele ihrem Schicksal überlassene Tiere finden ein qualvolles Ende.*

15. Die Beziehung des Menschen zur Katze

> Die Heimtierhaltung ist ein ernstzunehmender
> Erziehungsfaktor. Sie nimmt in dem Maße an
> Bedeutung zu, in dem sich eine verstädterte
> Menschheit der Natur entfremdet.
>
> *Konrad Lorenz*

Wir werden unsere Beziehung zur Katze zuerst psychologisch und anschließend ethologisch betrachten. Dabei stütze ich mich vorwiegend auf die bisher nur zum Teil veröffentlichten Arbeiten Reinhold Berglers, des Direktors des Psychologischen Instituts der Universität Bonn, und auf die Arbeiten Eileen Karshs (siehe *Empfohlene Literatur*). Wärmstens zu empfehlen ist ferner das ausgezeichnete Buch von James A. Serpell über die Mensch-Heimtier-Beziehungen im allgemeinen, das auch im Hinblick auf geschichtliche und kulturelle Aspekte sehr informativ ist (siehe *Empfohlene Literatur*). Sowohl Serpell als auch Bergler, Karsh und ich betrachten in erster Linie die Millionen «normalen» Beziehungen zwischen Mensch und Tier, nicht aber die «gestörten» Beziehungen, die gelegentlich für Schlagzeilen sorgen und den Stoff für psychiatrische Fallstudien bilden.

Psychologische Aspekte der Beziehung
des Menschen zur Katze

Es ist erstaunlich, wie sehr die Beziehung mit einer Katze den menschlichen Partner bereichern kann und was sie, nach den Daten der Untersuchungen Reinhold Berglers zu schließen, dem Menschen auch tatsächlich bietet. Bergler befragte 298 Katzenbesitzer zunächst danach, ob sie eine bestimmte soziale Qualität als *wichtiges menschliches Grundbedürfnis* empfänden, und errechnete den Prozentsatz der Befragten, die mit Ja antworteten. Danach fragte er, ob die eigene Katze einen *wesentlichen* Beitrag zur Erfüllung dieses Grundbedürfnisses leiste, und errechnete auch diesen Prozentsatz. Die Ergebnisse können Sie *Tabelle 4* entnehmen.

Tabelle 4: *Zentrale Bedürfnisse des Menschen, die in besonders ausgeprägtem Maße durch eine Katze erfüllt werden.* *

	Generelle Grundbedürfnisse %	Erfüllung dieser Grundbedürfnisse durch eine Katze %
Anwesenheit eines Wesens	81	81
Lebensfreude	92	78
Soziale Anregung: Vermeidung von Langeweile, Isolation	88	71
Behaglichkeit, Atmosphäre	88	76
Abwechslung, Ablenkung vom Alltag	79	71
Freundschaft, Partnerschaft	79	70
Sympathie, Zärtlichkeit	78	73
Ästhetik, Schönheit	77	79
Geselligkeit, Spiele	65	77
Übernahme von Verpflichtung/Verantwortung	65	77
Ruhe, Beruhigung	63	73
Unabhängigkeit (Eigenwilligkeit)	58	80
Dankbarkeit	47	53
Hilfe bei der Kindererziehung	39	43

* Aus dem Geschäftsbericht 1984 der Effem GmbH, Verden (BRD), über R. Berglers Arbeit.

Aus der Forschungsarbeit Berglers geht auch hervor, daß das Psychogramm einer Katze vorwiegend durch positive Merkmale und Verhaltenseigenschaften bestimmt wird. Die von den meisten Menschen, unabhängig davon, ob sie selbst ein Tier besitzen oder nicht, anerkannten Eigenschaften der Katze schließen die folgenden ein: Eigenwilligkeit und Unabhängigkeit, Zärtlichkeit und Anschmiegsamkeit, gleichbleibende Verspieltheit, Sympathie und Erotik, Ästhetik des Aussehens und Eleganz der Bewegung, Beruhigung und Ausstrahlung, Ursprünglichkeit, Echtheit und Instinktsicherheit, Reaktionsschnelligkeit und -sicherheit, Pflegeleichtigkeit, Sauberkeit, Unkompliziertheit, Klugheit, Lernfähigkeit und Intelligenz.

Interessant ist auch, wie Katzenbesitzer sich selbst sehen, laut

Professor Berglers mündlich mitgeteiltem Forschungsbericht: «Katzenbesitzer schreiben sich und Katzen vor allem im Gefühlsbereich ähnliche Eigenschaften zu. Sie erleben sich im Vergleich zu typischen Nicht-Katzenbesitzern als gefühlvoller, zärtlicher, kontaktfreudiger, sympathischer, großzügiger, toleranter, ausgeglichener, häuslicher: Selbstbild und Fremdbild sind also deutlich unterschieden. Nicht-Katzenbesitzer sehen keine psychologischen Unterschiede zwischen sich und Katzenbesitzern: Es existieren keine negativen Vorurteile...»

Die Psychologin Karsh unterscheidet zwischen einer «engen» und einer «schwachen» Bindung zwischen Mensch und Katze, wobei aus den von ihr genannten Prozentsätzen hervorzugehen scheint, daß die Mehrheit der Katzenbesitzer, mit denen Karsh arbeitete, «enge» Bindungen aufwies; dies würde dann einer durchschnittlichen Beziehung entsprechen. Leute mit einer «engen» Bindung zu ihren Katzen (dies bestätigt auch ein bekannter standardisierter Bindungsgrad-Index) halten ihre Katzen länger (mehrere Jahre), zeigen viel Liebe und Anteilnahme für sie und betrachten sie meistens als vollwertige Familienmitglieder. Eine Umfrage Virginia Voiths in Pennsylvanien bei mehr als 800 Katzenbesitzern hat beispielsweise ergeben, daß 99 % von ihnen die Katze als Familienmitglied betrachteten, 97 % mindestens einmal täglich mit ihr redeten und 91 % glaubten, das Tier empfinde ihre Gefühle und Launen. Leute mit einer «schwachen» Bindung zu ihrer Katze behalten das Tier weniger lange (oft nur einige Monate) und entwickeln in dieser Zeit, laut Karsh, keine richtige Beziehung zu ihm. Ich vermute, daß sie von vornherein aus einem falschen Motiv oder ohne reifliche Überlegung eine Katze angeschafft (oder geschenkt bekommen) oder das Tier nach falschen Kriterien ausgewählt haben (mehr dazu in Kapitel 16).

Wie schon in Kapitel 4 mit Daten belegt, können wir davon ausgehen, daß Katzen in der heutigen Gesellschaft nicht hauptsächlich als Kinderersatz dienen, obwohl dies sicherlich in einzelnen Fällen zutrifft. James Serpell konnte jedenfalls zeigen, daß Personen, die *in ihrer Kindheit* Heimtiere hatten, auch als Erwachsene eher ein Tier halten. Auch wenn immer mehr Studien die Wichtigkeit eines Heimtieres für betagte und alleinstehende Menschen betonen, ist dies kein Beweis dafür, daß diese Personen nicht völlig normale Beziehungen zu ihren Mitmenschen pflegen. Vielmehr zeigen Untersuchungen, daß Hunde und Katzen als «Kontaktvermittler» zwischen Menschen – z. B. auf einem Spaziergang oder im Gemeinschaftsraum eines Heims – agieren können. Leider stimmt wahrscheinlich aber doch das, was Konrad Lorenz mit den zu Beginn dieses Kapitels zitierten Worten über die Bedeutung der Heimtierhaltung als den für viele heutige Menschen letzten Kontakt mit der Natur sagte, und wenigstens ist die Hauskatze noch ein natürliches Wesen.

Ethologische Aspekte der Beziehung des Menschen zur Katze

Der Ethologe ist in der glücklichen Lage, das Verhalten beider Beziehungspartner – des Menschen *und* des Tieres – mit den gleichen Methoden erfassen zu können. (Ungeachtet der Bedeutung ihrer Arbeit können die Psychologen «nur» die menschliche Seite der Beziehung erforschen.) Beziehungen entstehen zwischen *zwei Partnern*, in unserem Fall zwischen einem Tier und einem Menschen; nur wenn wir die Aktionen und Reaktionen (d.h. also die Interaktion) beider beteiligten Partner berücksichtigen, kommen wir näher an die eigentliche Beziehung heran. Im folgenden stütze ich mich vor allem auf den von dem Humanethologen Robert A. Hinde entwickelten Beziehungsbegriff, den ich jedoch auf die sozialen Beziehungen zwischen zwei Arten anwende. Die Interaktionen zwischen den Partnern haben einen «Inhalt» (*was* tun die zwei Wesen miteinander), eine «Qualität» (*wie* tun sie es) und ein zeitliches Muster (*wann, wie oft* und *wie lange* tun sie es). Um eine Beziehung zu beschreiben, müssen wir also den Inhalt, die Qualität und die zeitlichen Abläufe der stattfindenden Interaktionen erfassen.

Nehmen wir zwei Beispiele, um zu demonstrieren, was damit gemeint ist: In *Beispiel 1* nähert sich die Katze einer Hausfrau, macht sie durch Laute auf sich aufmerksam, reibt ihren Körper am Bein der Besitzerin, setzt sich hin und schaut ihr zu. Die Hausfrau bereitet das Futter zu und redet mit der Katze, füttert und streichelt sie dann. Die Katze frißt; die Frau beobachtet ihr Tier beim Fressen und streichelt es nochmals kurz, bevor sie weggeht. Diese «Fütterungsinteraktion» (so genannt wegen des Indikatorelements «Füttern») umfaßt das Knüpfen des Kontakts (Sich-Nähern), Vokalisationen (Laute/Reden), eine passive Handlung (das Beobachten des Tieres), den Kontakt selber (Flanke-Reiben/Streicheln) und die Fütterung (einschließlich der Zubereitung des Futters). In *Beispiel 2* (es handelt sich um einen anderen Haushalt) ist die Katze nicht in der Nähe: Die Frau bereitet das Futter vor, stellt den Teller auf den Boden und spült das Geschirr vom Mittagsessen. Später nähert sich die Katze dem Teller (nicht aber der Hausfrau selbst), frißt und entfernt sich wieder. In diesem Fall wurden weniger Verhaltenselemente involviert, nämlich nur eine passive Handlung (das Denken an das Tier, das gefüttert werden mußte) und die Fütterung selber (das Zubereiten und Hinstellen des Futters). Nehmen wir an, daß *Beispiel 1* sich in gleicher Weise zweimal pro Tag wiederholt, *Beispiel 2* nur einmal jeden Tag. Aus diesen zwei Beispielen (die zugegebenermaßen Extremfälle darstellen) können Sie selber die Unterschiede bezüglich Inhalt, Qualität und zeitlichem Muster ersehen!

Eine erste Studie von Claudia Mertens und mir (siehe auch das vorherige Kapitel) erbrachte den Beweis, daß wir mit ethologischen Methoden die Interaktionen *zwischen Arten* erfassen können. Unter anderem stellten wir anhand der Daten fest, daß erwachsene Menschen eine andere Strategie benutzten als Kinder, um den Kontakt zu einer ihnen unbekannten Koloniekatze herzustellen; sie riefen zuerst die Katzen und überließen den Tieren die Annäherung, während Kinder die Katzen etwa gleich häufig zuerst riefen, sich ihnen direkt näherten oder den umherlaufenden Tieren folgten. Doch haben wir ebenfalls festgestellt, daß Erwachsene und Kinder trotz unterschiedlicher Strategien letztlich etwa den gleichen Erfolg erzielen.

Eine Nachfolgestudie, die vom «Waltham Centre for Pet Nutrition» in England gefördert wird, geht noch bedeutend weiter. Erstens protokollieren wir an den Stichprobentagen in über 200 privaten Haushalten (also unter verhältnismäßig «natürlichen» Bedingungen) *alle* Interaktionen zwischen den Menschen und ihren Katzen, und zweitens kombinieren wir erstmals in einer solchen Studie ethologische und psychologische Methoden, um die *Qualität* zwischenartlicher Sozialbeziehungen zu erfassen. Wir werden unter anderem analysieren, wie gut das Verhalten der beiden interagierenden Partner koordiniert, d.h. auf den Partner abgestimmt ist; dies ist ein ethologisches Maß für die Beziehungsqualität. Wir können auch feststellen, welche Interaktionstypen in der Regel vorkommen, und die verschiedenen Beziehungen zwischen Menschen und Katzen bezüglich Diversität und Qualität der jeweiligen Interaktionen vergleichen. So werden einige Beziehungen sicherlich durch häufigere Körperkontakte, andere durch vermehrte Spielaktionen gekennzeichnet sein; dies ist zu erwarten, weil C. Mertens und ich schon früher herausgefunden haben, daß es unter Katzen verschiedene allgemeine Persönlichkeitstypen gibt. Anschließend werden wir diese ethologischen Ergebnisse mit denjenigen der folgenden psychologischen Untersuchung vergleichen: Wir ließen jeden Besitzer zuerst die eigene Katze und seine Beziehung zu ihr nach bestimmten Kriterien bewerten; dann mußte er die nach seiner Ansicht «ideale» Katze und die für ihn «ideale» Beziehung beschreiben. Die *Unterschiede* zwischen seinen *Erwartungen* und der *Realität* seiner Beziehung zur Katze liefern uns ein weiteres Maß für die Qualität der Beziehung, das wir mit den von uns beobachteten Interaktionen vergleichen können.

Später wollen wir die zwischen Menschen und Hauskatzen aus unserer Kolonie (die bis zur Vergabe an die neuen Besitzer alle *genau* gleich behandelt werden) neu begründeten Beziehungen über einen längeren Zeitraum hinweg verfolgen, weil sich eine Beziehung im Lauf der Zeit verändert und entwickelt. (Im Moment läuft dazu eine Diplomarbeit als Pilotstudie.) Vor allem die modernen Primatologen legen sehr viel Gewicht auf die «Investitionen» der beteiligten Partner in eine Beziehung, durch die das «Potential» der Beziehung verändert wird. Jeder der Beteiligten *erfährt* durch die Interaktionen auch mehr über die Eigenschaften und den Charakter des Partners; ich vermute, daß das Verhalten beider Beteiligter wechselseitig durchschaubarer und leichter vorauszusagen sein wird, was besonders bei solchen Individualisten, wie es Katzen und Menschen sind, wichtig sein könnte.

Mein langfristiges Ziel ist es, immer tiefer zu bohren, bis ich die «Substanz» einer Beziehung verstehe, und dann dieses Wissen anzuwenden, um die Qualität der weniger glücklichen Beziehungen zum Wohl des Tieres wie auch des Menschen zu verbessern. Wir besitzen jedoch schon einige Kenntnisse, die neuen Beziehungen zu einem besseren Start und zu größeren Erfolgschancen verhelfen könnten – wenn man sie beherzigen würde. Dies betrifft auch die Wahl einer neuen Katze, und davon wird im nächsten Kapitel die Rede sein.

Artgerechte Haltung und Pflege

16. Die Auswahl einer neuen Katze

> Von Katzen hörtest du mancherlei,
> Drum dieses dir hiermit gesaget sei:
> Der Katzen Charakter voll zu verstehn,
> Bedarf's keines Deuters. Du hast gesehn
> Und gelernt, daß gemeiniglich
> Die Katzen genau sind wie du und ich,
> Daß wie die anderen Leute sie sind,
> Sei'n diese auch immer wes Geistes Kind.
>
> *T. S. Eliot, Old Possums Katzenbuch*

Ich möchte im folgenden das, was Sie bisher über die verschiedenen Typen von Katzen gehört haben, unter einem neuen Aspekt betrachten, wenn es nun um die Auswahl einer Katze geht. Es gibt verschiedene Punkte, über die sich jeder potentielle Besitzer möglichst klar werden sollte, bevor er sich ein Tier anschafft. Am schwerwiegendsten und folgenreichsten ist für ihn die Entscheidung, sein Leben mit einem anders gearteten, eigenwilligen Wesen teilen und das «Natürliche» an diesem Wesen akzeptieren und respektieren zu wollen. Er muß sich überlegen, welche der in Frage kommenden Heimtierarten am besten zu ihm paßt, und dazu benötigt er Kenntnisse über das natürliche Verhalten und die Bedürfnisse der jeweiligen Tierart. Außerdem muß er sich Rechenschaft darüber ablegen, ob er einer Katze wirklich ein gutes Zuhause bieten kann und bereit ist, für die nicht unwesentlichen Pflegekosten (für Nahrung, diverse Utensilien, den Tierarzt usw.) aufzukommen (die Kapitel 17, 18 und 19 dürften dem neuen Besitzer dabei behilflich sein). Ich setze nun voraus, daß der künftige Tierhalter diese Fragen bejaht hat und vor der Wahl einer neuen Katze (oder gar mehrerer) steht.

Leider wählen allzu viele Leute eine Katze nur auf Grund ihres Aussehens oder ihres Geschlechts aus (siehe weiter unten). Obwohl dem künftigen Besitzer die Farbe und das Muster des Felles sicherlich gefallen oder zumindest nicht zuwider sein sollten,

müßte doch den Persönlichkeitsmerkmalen des Tieres wesentlich mehr Beachtung geschenkt werden, denn diese «Charaktereigenschaften» werden die zukünftige Beziehung entscheidend prägen. Werden sie nicht ausreichend berücksichtigt, so erhöht sich die Wahrscheinlichkeit, daß es in der Beziehung zwischen Mensch und Katze zu ernsten Störungen kommt. Wenn wir nur an die zwei wichtigsten Persönlichkeitsmerkmale der Katzen denken – ihre Haltung gegenüber Menschen und ihre Haltung gegenüber Artgenossen – wird klar, warum dies so ist.

Ein Mensch, der sich eine anhängliche Schoßkatze erhofft, wird sehr unglücklich sein, wenn er seine Katze nicht einmal auf den Arm nehmen kann, ohne gekratzt zu werden. Ein Mensch, der sich eher ein wildes, «naturnahes» Tier wünscht, wird ebenfalls unzufrieden sein, wenn ihm seine Katze immer nur um die Beine streicht. Sehr problematisch (siehe Kapitel 20 und 21) ist auch die gemeinsame Haltung von mehreren Einzelgängern sowie die Alleinhaltung eines sozial aufgewachsenen Tieres, vor allem dann, wenn die Katze tagsüber allein zu Hause bleiben muß. Vom menschlichen Standpunkt aus gesehen, ist die Katze sicher das ideale Heimtier für alleinstehende, berufstätige Personen. Wichtig ist aber für die Katze, daß sie – je nach ihren Hauptcharakterzügen – entweder allein oder zusammen mit Artgenossen gehalten wird.

Bei der Auswahl einer neuen Katze (gleichgültig ob sie noch jung oder bereits ausgewachsenen ist) muß man also vor allem auf ihre Grundeinstellung gegenüber Menschen und Artgenossen achten!

Am besten nehmen Sie sich Zeit für mehrere Besuche auf dem Bauernhof oder im Privathaushalt, wo Kätzchen zur Welt gekommen sind, beim professionellen Züchter oder im Tierheim. Vergewissern Sie sich, daß die Jungtiere bis zur 8. Lebenswoche genügend Kontakt mit Menschen gehabt haben: Fragen Sie den bisherigen Besitzer danach, aber sehen Sie auch selbst, wie die Tiere auf Sie, aber auch auf die ihnen schon bekannten Menschen reagieren. Die meisten Tierheimleiter und Tierpfleger kennen ihre in der Regel schon erwachsenen Katzen recht gut und sind gerne bereit, Ihnen bei der Auswahl eines ihrer Tiere behilflich zu sein.

Halten Sie im Primärheim Ihrer künftigen Katze Ausschau nach anderen Tieren oder klären Sie ab, ob sie zehn bis zwölf Wochen lang mit den Wurfgeschwistern zusammen bleiben darf – falls Sie im Sinn haben, mehr als eine Katze zu halten. *In diesem Fall nehmen Sie am besten gleich zwei Wurfgeschwister oder zumindest zwei Jungtiere. Falls Sie schon ein an Gesellschaft gewöhntes, erwachsenenes Tier zu Hause haben, ist es auf jeden Fall ratsam, einen verstorbenen (oder seit langem verschwundenen) Artgenossen durch ein* Jungtier *zu ersetzen.*

Hier ist ein Wort zugunsten vieler (nicht aber aller) Bauern angebracht. Zu oft meint man, daß Bauern ihre Katzen nicht genügend pflegen oder überhaupt nicht auf sie achten. Zweifellos kommt das vor, vielleicht sogar ziemlich oft. Aber wenn der Bauer nicht den ganzen Tag mit seinen Katzen «schmust» oder in erster Linie daran interessiert ist, einen guten Mäusefänger zu haben, heißt das noch lange nicht, daß er seine Katzen sonst nicht schätzt. Ich kenne viele Bauern, die ausgezeichnet für ihre Katzen sorgen, und viele Bauernhofkatzen, die ausgezeichnet mit Menschen sozialisiert wurden. Da aber auch das Gegenteil vorkommt, ist es wichtig, daß der künftige Besitzer sich genau über die Haltungsbedingungen der Katzen informiert; und die weniger sorgsamen Bauern sollten (wie in den Kapiteln 18 und 19) über die Nachteile einer nachlässigen Katzenpflege aufgeklärt werden.

Die Grundeinstellung einer Katze gegenüber Menschen und Artgenossen ist, obwohl äußerst wichtig, nicht die einzige Persönlichkeitseigenschaft, auf die man achten sollte. Claudia Mertens und ich haben Anhaltspunkte dafür gefunden, daß man die menschenfreundlichen Tiere noch feiner differenzieren kann, und zwar nach zwei (vielleicht voneinander unabhängigen) Kriterien. Es gibt, wie wir bemerkten, «initiativ-freundliche» und «zurückhaltend-freundliche» Tiere; die beiden Gruppen – von an sich gleich anhänglichen Tieren – unterscheiden sich dadurch, daß die eine oft Kontakte oder Interaktionen initiiert, während die andere dies eher dem Menschen überläßt. Außerdem gibt es Tiere, die mit «ihren» Menschen lieber spielen (z. B. «Katz und Maus»), und andere, die darauf weniger Wert legen, aber dafür häufig körperlichen Kontakt zu ihren Besitzern suchen; auch hier handelt es sich durchwegs um menschenfreundliche Tiere. Diese beiden Typen sind etwas schwieriger im voraus zu bestimmen, doch wenn man genügend Zeit und Geduld hat und abwartet, bis die Katzen ein wenig von ihrer natürlichen Scheu verlieren, kann man leichter herausfinden, ob die Initiative zu Kontakten mehrheitlich von ihnen ausgeht oder nicht. (Dies ist aber wahrscheinlich nur wichtig, wenn eine Katze in ein psychotherapeutisches Behandlungsprogramm für Menschen integriert werden soll.) Die Zugehörigkeit zum Spiel- oder Kontakttypus ist vor allem bei Jungtieren schwierig zu bestimmen, da praktisch alle kleinen Kätzchen spielen und nur wenige bereit sind, länger auf dem Schoß zu bleiben.

> *Größere Katzen sind leichter einzuordnen, und ich möchte Sie in diesem Zusammenhang an die vielen, meist erwachsenen Katzen in den Tierheimen erinnern, die auf ein richtiges Zuhause warten: Ihre Persönlichkeitsmerkmale sind bereits gefestigt und, wie gesagt, leichter zu erkennen als die eines Jungtieres. Die ursprünglich mit Menschen sozialisierten Tiere unter diesen Katzen sind zweifellos fähig, eine Beziehung mit einem neuen Besitzer einzugehen.*

Mir wird oft vor allem von Bauern gesagt, daß Herbstkatzen, also Jungtiere, die im Spätsommer zur Welt kommen, eher kränklich sind und keine «guten» Katzen werden. Ich bezweifle nicht, daß auf Bauernhöfen von diesen Jungen ein größerer Teil eingeht als von den Frühlingskatzen, ganz einfach deshalb, weil sie – wie auch die Katzen, die völlig unabhängig vom Menschen leben – im Winterhalbjahr härteren klimatischen Bedingungen ausgesetzt sind. Aber ich kenne keinen stichhaltigen Beweis dafür, daß sie grundsätzlich weniger lebensfähig sind. Daher bin ich überzeugt, daß sie unter menschlicher Obhut genauso gute und gesunde Heimtiere werden wie die Frühlingskätzchen.

Man hört und liest in der populären Presse immer wieder, daß man mit einer reinrassigen Katze besser beraten ist als mit einem «Mischling», weil zum einen ihr Charakter stabiler und verläßlicher vorauszusagen und sie zum anderen besser als Wohnungskatze geeignet ist – sie kennt von der Zucht her nichts anderes. Dazu ist zu sagen, daß es bis heute keine vergleichenden Verhaltensstudien von Katzen verschiedener Rassen gibt; wie erwähnt, werden wir demnächst erstmals das Verhalten der Hauskatze mit dem mehrerer reiner Rassen vergleichen. Jedoch ist festzuhalten, daß viele Züchter und Besitzer reinrassiger Tiere deren Rassemerkmale ausgezeichnet kennen, und je mehr Übereinstimmungen zwischen den verschiedenen Beschreibungen des Charakters einer Rasse bestehen, desto höher ist die Wahrscheinlichkeit, daß die Aussagen stimmen. Demzufolge darf man annehmen, daß die Darstellungen der Charakterzüge und -unterschiede von Perserkatzen und Siamesen relativ zuverlässig sind, doch sind dies zwei alte Rassen mit den wohl extremsten charakterlichen Differenzen. Außerdem dürfen wir nicht vergessen, daß sich diese Tiere, die aufgrund der Zuchtverhältnisse wahrscheinlich wenig von der äußeren Umwelt erfahren haben, vielleicht anders entfalten würden, wenn sie Gelegenheit dazu hätten. Es bleibt zu hoffen, daß in vielen Zuchtverbänden der neue Trend hin zur Anerkennung des Wertes der Hauskatze und weg von der Entwicklung *extremer Rassen* anhält; sonst müßten die Tierschutzorganisationen vermehrt eingreifen, um wenigstens die Zucht kaum lebensfähiger Rassen zu verhindern.

Wir haben gesehen, daß vieles an unseren Hauskatzen immer noch dem Naturell ihrer «wilden» Verwandten entspricht. Ich möchte jedoch weder als Katzenforscher noch als Katzenfreund ein zu sehr durch Zucht manipuliertes Wesen um mich haben. Denn schließlich ist die Individualität der Katze das, was die meisten Besitzer an diesen Heimtieren so hoch schätzen, und auch der Faktor, der ihr Verhalten in allen unseren Studien am nachhaltigsten beeinflußt (siehe auch *Empfohlene Literatur,* Mendl und Harcourt).

Da es sich bei der Katze um ein lernfähiges Lebewesen mit einer eigenen Persönlichkeit handelt, bleibt dem frischgebackenen Besitzer einer Katze nichts anderes übrig, als häufig und in verschiedenen Situationen mit «seinem» Tier zu interagieren, um dessen Eigenarten kennen und *respektieren* zu lernen. Dies ist vielleicht die wichtigste Voraussetzung für eine harmonische Beziehung zwischen Mensch und Tier.

17. Wohnungs- oder Auslaufkatze

Rem Tem Trecker macht einen schrecklich nervös:
Wenn er draußen sein soll, dann wird er bös.
Ist er drinnen bei mir, ist's ihm gar nichts wert –
Jede Seite der Tür scheint ihm verkehrt.
In meinem Schreibtisch ist er zu Haus,
Doch tobt er ganz furchtbar, kann er nicht raus.

T. S. Eliot, Old Possums Katzenbuch

Es gibt kaum einen öffentlichen Vortrag, bei dem ich nicht in der anschließenden Diskussionsrunde gefragt werde: «Ist es nicht Tierquälerei, eine Katze immer nur in der Wohnung und ohne Auslauf im Freien zu halten?» Um meine vom jetzigen Stand unseres Wissens ausgehende Anwort gleich vorwegzunehmen: Wenn die Wohnungskatze wirklich die Möglichkeit hat, ihre natürlichen Bedürfnisse entweder durch ursprüngliche oder ersatzweise vorgenommene Handlungen zu befriedigen, ist es *keine* Tierquälerei. Daß aber – leider – nicht alle Wohnungskatzen diese Möglichkeit haben, geht aus der Tatsache hervor, daß deutlich mehr Besitzer von Wohnungskatzen als Besitzer von Katzen mit Auslauf sich über (wahrscheinlich echte und ernst zu nehmende) Verhaltensstörungen ihrer Tiere beklagen.

Die Grundbedürfnisse einer Katze

Was ist zu tun, damit eine Wohnungskatze ihre natürlichen Bedürfnisse befriedigen kann und nicht oder weniger unter Verhaltensstörungen leidet? Claudia Mertens und Rosemarie Schär haben dazu sehr viele Vorschläge ausgearbeitet, die auf den Resultaten von Untersuchungen des eher natürlichen Verhaltens unserer Freilandkatzen aufbauen; ich stütze mich hier auf ihre Ausführungen (siehe *Empfohlene Literatur*) sowie eigene Erfahrungen mit besorgten Besitzern, die ich mehr oder weniger erfolgreich beraten habe.

Wir haben bereits gesehen, daß Katzen hinsichlich ihrer Raumansprüche sehr anpassungsfähig sind. Wir haben ebenfalls erfahren, daß auch die kleinsten Streifgebiete von freilebenden Katzen oder Katzen mit Auslauf um einiges größer sind als die meisten Einzimmerwohnungen in der Stadt. Allerdings dürfen wir die Wohnqualität nicht einfach mit der Anzahl der Quadratmeter gleichsetzen; ohnehin fehlen noch wissenschaftliche Daten, um mit Sicherheit etwas über die minimalen Platzbedürfnisse einer Katze aussagen zu können. Jedenfalls wissen wir, daß eine Katze Abwechslung, aber auch ein «Rückzugsgebiet» braucht, wo sie ungestört ist und sich nicht beobachtet fühlt. Deshalb halten wir eine Zweizimmerwohnung, in der es für die Katze keine Tabu-Zonen gibt, für ein vertretbares Minimum; bei einem geringeren Raumangebot wird die Sache einfach sehr problematisch, insbesondere wegen des fehlenden Rückzugsgebiets.

Trotzdem müssen Sie irgendwie für Abwechslung sorgen. Hier stehen Ihnen verschiedene Möglichkeiten offen, die Sie einzeln, nacheinander oder miteinander ausprobieren können. An erster Stelle kommt natürlich die Anschaffung einer zweiten geselligen Katze (vorzugsweise eines Jungtieres; siehe dazu Kapitel 14 und 16), vor allem dann, wenn die Katze tagsüber allein bleiben muß. Wenn beide Tiere sozial disponiert sind, unterhalten sie sich prächtig; zudem brauchen zwei Tiere, wie wir in Kapitel 10 erfahren haben, wegen der ganz normalen Gebietsüberlappungen nicht unbedingt mehr Platz als eines. Wenn sie einmal nichts miteinander zu tun haben möchten, kann sich immer noch eines der beiden vorübergehend in das zweite Zimmer zurückziehen. Ob zwei Weibchen, zwei Männchen oder je ein Weibchen und ein Männchen einfacher miteinander zu halten sind, können wir nicht mit Sicherheit sagen, da es keine entsprechenden Untersuchungen gibt. Allerdings wissen wir aus den Freilandstudien, daß Weibchen des gleichen Primärheims sich relativ gut vertragen und Weibchen im allgemeinen kleinere Streifgebiete haben als Kater (siehe aber auch Kapitel 20).

Falls Sie einen Einzelgänger zu Hause haben, können Sie seine Neugier stimulieren und seine Langeweile reduzieren, indem Sie ihm etwas so Einfaches und Billiges wie eine neue Kartonschachtel, am besten eine geschlossene mit einigen dunklen Löchern, zur Verfügung stellen. Haben Sie eine verspielte Katze, dann sollten Sie auch mit ihr spielen und sie nicht nur ein wenig streicheln wollen. Die meisten Wohnungskatzen *müssen* ihren Jagdtrieb irgendwie und oft genug abreagieren. Dazu brauchen Sie jedoch keine teuren Spielzeuge zu kaufen, denn fast allen Katzen genügt ein *von Ihnen* bewegtes Objekt, z. B. ein Wollfaden, ein an einer Schnur gezogener Korken oder ein Papierball, den Sie werfen.

Katzen haben aber auch noch andere Grundbedürfnisse, die sie unbedingt befriedigen können müssen – auch in der Wohnung, wenn es nicht anders geht (zum Teil werden diese Bedürfnisse in späteren Kapiteln ausführlicher behandelt). Wohnungskatzen sind im Hinblick auf Futter und Wasser *völlig* von ihrem Besitzer abhängig (Kapitel 18); sie *müssen* Kot und Harn irgendwo artgerecht loswerden und zuscharren können (Kapitel 20); sie *müssen* ihre Krallen an einem geeigneten Baumersatz wetzen können und damit wahrscheinlich auch ihre Dominanz zeigen (Kapitel 21), und ihnen sollten schließlich auch genügend erhöhte Sitz- oder Liegeplätze zur Verfügung stehen. Katzen halten gerne von solchen Plätzen, auch Fenstersimsen, «Ausschau» und sitzen, liegen oder schlafen oft gerne in der Sonne. Als Schlafplatz, «Bett» oder «Nest» brauchen sie wenig: Es genügt eine Holzkiste oder ein Korb mit einem alten Tuch, oft sogar nur ein Tuch. Und Sie dürfen sich nicht ärgern, wenn Ihre Katze ein sehr teures «Katzenbettchen» einfach ignoriert; diese Dinger sind ohnehin eher für das menschliche Auge als für den Schlaf der Katze bestimmt. Ihre Katze wird sich schon den für sie geeignetsten Ort als Schlafplatz suchen; lassen Sie ihr freie Wahl, doch lassen Sie sie nicht in Ihr eigenes Bett (siehe Kapitel 19).

Auslauf: Pro und Contra

Hauskatzen mit freiem Auslauf können *alle* ihre Grundbedürfnisse ohne menschliches Zutun befriedigen. Dennoch gibt es Leute, die ihnen den Auslauf am liebsten nicht gestatten würden oder ihre eigenen Katzen nicht ins Freie lassen, und zwar hauptsächlich aus den folgenden Gründen:

● Katzen gefährden den einheimischen Vogelbestand. Wie wir in Kapitel 12 gesehen haben, trifft dies auf dem Festland einfach *nicht* zu.

● Katzen belasten die nachbarlichen Beziehungen durch das Koten ins Gartenbeet oder den Sandkasten, das Markieren mit Harn oder den zur Paarungszeit von ihnen verursachten Lärm. Grundsätzlich ist zu sagen, daß sie nur die Beziehungen zu solchen Nachbarn belasten können, die Katzen sowieso nicht schätzen, denn selten hört man davon, daß die Beziehungen zwischen Nachbarn, die beide Katzen besitzen, durch ihre Katzen übermäßig strapaziert wären. Die eben genannten Handlungen sind zwar Bestandteile des *natürlichen* Verhaltens der Katzen, doch können sich manche Personen dadurch gestört fühlen, obwohl allenfalls ihr ästhetisches Empfinden und gelegentlich ihr Schlaf, nicht aber ihre Gesundheit beeinträchtigt wird. (Ein Sandkasten für Kinder kann schließlich, wenn er nicht benutzt wird – während der Nacht – mit einem Gitter abgedeckt werden.) Ich frage mich manchmal, ob sich die gleichen Leute, die sich zweimal im Jahr über die Rufe der Katzen empören, auch durch die Glocken der weidenden Kühe oder die Kirchenglocken, die mindestens jede volle Stunde läuten, gestört fühlen, oder ob Personen, die an diesen natürlichen Handlungen der Katzen wirklich Anstoß nehmen, nicht überhaupt dazu neigen, *alles Natürliche* in dieser Welt zu verneinen?

● Katzen mit freiem Auslauf sind vielen Gefahren ausgesetzt. Das stimmt ohne Zweifel. Freilaufende Katzen werden im Durchschnitt nicht so alt wie Wohnungskatzen, die ohne weiteres zwanzig Jahre oder länger leben können. Das Durchschnittsalter freilaufender Katzen beträgt lediglich zwei bis drei Jahre; viele fallen dem Straßenverkehr, aber auch verschiedenen, für Katzen ansteckenden Krankheiten zum Opfer (siehe Kapitel 19). Sie können jedoch gegen die meisten für sie gefährlichen Krankheiten geimpft werden und mit etwas Glück auch lernen, den Straßenverkehr zu meiden – schließlich sind auch unsere Kinder solchen Gefahren ausgesetzt, und trotzdem müssen sie nicht ihr ganzes Leben lang zu Hause bleiben.

Falls Sie in der Nähe einer verkehrsreichen Straße wohnen, empfiehlt es sich, Ihre Katzen ohne Auslauf als reine Wohnungskatzen zu halten; doch müssen Sie dann bereit sein, für alle *ihre Bedürfnisse aufzukommen. Eine Katze, die sich einmal an freien Auslauf gewöhnt hat, darf* keinesfalls *gezwungen werden, sich später mit dem Dasein als Wohnungskatze zu begnügen. Am besten suchen Sie sich Ihre zukünftige Wohnungskatze unter Jungtieren aus, die in einer Wohnung (oder bei einem Züchter) aufwachsen.*

● Katzen mit Auslauf töten Tiere und bringen getötete Beute nach Hause. Wie in den Kapiteln 11 bis 13 dargestellt, gehört dies zum natürlichen Verhaltensmuster unserer Katzen. Es ist nicht einzusehen, weshalb Personen, die die «Natürlichkeit» dieser Tiere, ihre Selbständigkeit und Eigenwilligkeit so sehr schätzen, nicht auch das ganz *natürliche* Verhalten eines Jägers akzeptieren können. Entweder akzeptieren wir die Katze als Ganzes oder gar nicht!

● Leute mit Auslaufkatzen können nicht so oft oder lange mit ihren Katzen interagieren, während Wohnungskatzen immer zur Verfügung stehen. Ob dies wirklich der Fall ist, wird zur Zeit in einer unserer Untersuchungen abgeklärt. Aber auch wenn es stimmt, müssen wir zugeben, daß dieses Argument für die Wohnungshaltung und gegen den Auslauf sehr *egoistisch* ist und in erster Linie die Wünsche des Besitzers berücksichtigt. Persönlich ziehe ich es vor, dann mit meinen Katzen zu interagieren, wenn sie es auch wollen.

Insgesamt sprechen eigentlich nur wenige wirklich stichhaltige Argumente gegen den freien Auslauf, aber auch nur wenige gegen Wohnungskatzen – vorausgesetzt, sie werden möglichst artgerecht gehalten. Ich ziehe es jedenfalls vor, meinen eigenen Hauskatzen freien Auslauf zu ermöglichen, obwohl wir auch gelegentlich ein Tier verlieren, was mir natürlich auch weh tut. Aber wenigstens weiß ich mit Sicherheit, daß sie *ihren* Bedürfnissen entsprechend bis zu ihrem Tod leben konnten, mit uns interagierten, wenn *sie* es wollten, und ihnen im übrigen die freie Natur mit allen ihren positiven und negativen Aspekten offen stand.

18. Das tägliche Brot

Der Rem Tem Trecker ist ein komischer Katz.
Nur Widerstand, meint er, sei stets am Platz.
Wenn du Hasen ihm bietest, verlangt er nach Fisch,
Doch der bleibt dann stehen unter dem Tisch.
Wenn du Sahne ihm gibst, ist's *ein* Sträuben und
    Strauben,
Nur was er selbst findet, an das kann er glauben.

T. S. Eliot, Old Possums Katzenbuch

Eliot hatte insofern Recht, als Katzen in bezug auf ihre Nahrung relativ wählerisch sind, wenn auch nicht so heikel, wie manche Besitzer meinen oder die Reklame für Katzenfutter uns Glauben machen will. In diesem Kapitel möchte ich einige Fakten präsentieren und einige meiner Überlegungen über Katzenfutter und Fütterung zum Ausdruck bringen. Fangen wir gleich mit einem ziemlich umstrittenen Thema an.

Mäuse – Essensreste – Dosennahrung – Trockenfutter
Mäuse (und sonstige Beutetiere). Unsere Katzen sind keine Brot-, sondern Fleischfresser; wenn sie allerdings Beutetiere verspeisen, nehmen sie nicht nur Muskelfleisch zu sich, sondern auch andere Nährstoffe und meistens auch den Mageninhalt des Beutetieres, der sich oft aus pflanzlichen Materialien zusammensetzt. Sie sind an sich aber keine Pflanzenfresser, und das Gras, das Katzen gelegentlich fressen, trägt wenig zu ihrer Ernährung bei, sondern hilft ihnen, im Magen befindliche Haarballen, die von der Fellpflege herstammen, zu erbrechen. Wie wir schon in Kapitel 11 erfahren haben, beeinflußt die zusätzliche Fütterung der Auslaufkatze ihr Jagdverhalten kaum; daß sie trotz der Fütterung immer noch «maust», heißt auch nicht, daß sie lieber Beute fressen würde. Mir sind keine diesbezüglichen Versuchsergebnisse bekannt; allerdings müßten solche Versuche mit schon getöteten Beutetieren (im Gegensatz zu lebender Beute) durchgeführt werden, um die Nahrungspräferenzen und nicht die Fang- und Tötungsmotivationen zu untersuchen.

Essensreste. Küchenreste wären ebenfalls recht und gut, *wenn* sie in einer dem Nährstoffbedarf der Katzen angemessenen Mischung gegeben würden. Aber Katzen sind nun einmal Fleischfresser, und oft werden eben hauptsächlich keine Fleischreste gefüttert, sondern eher Teigwaren, Reis und Gemüsereste. Als Ergänzung des Speisezettels und in beschränkten Mengen schaden diese Essensreste den Katzen sicher nicht, doch sollten sie nicht den Hauptbestandteil einer Katzenmahlzeit ausmachen. (Auch wir geben unseren privaten Katzen *gelegentlich* Tischreste, die sie in der Regel mit Genuß verspeisen.) Ähnliche Überlegungen gelten auch für Frischfleisch aus der Metzgerei; obwohl für Katzen sicherlich gesünder als wahllos verabreichte, unausgewogene Essensreste, beinhaltet auch dieses Fleisch nicht alles, was freilaufende Katzen mit ihren Beutetieren aufnehmen, bzw. nicht in den gleichen Proportionen.

Dosennahrung. In den letzten Jahrzehnten hat die Verwendung von Dosennahrung (und Trockenfutter) sehr stark zugenommen, ebenfalls die Kritik daran. Die Gegenargumente konzentrieren sich auf drei Hauptpunkte, die ich zuerst erwähnen möchte:
● Die Art der Verpackung und die Beseitigung der leeren Dosen ist nicht umweltfreundlich. Jahrelang waren Dosen mit etwa 400 Gramm Vollnahrung, was in etwa dem täglichen Bedarf einer Katze von durchschnittlichem Gewicht entspricht, der Standard. Der Trend geht bei den heutigen *Konsumenten* in Richtung noch kleinerer Einzelmahlzeit-Dosen, was noch mehr Verpackungsabfall mit sich bringt. Allerdings sind einige dieser Einzelmahlzeit-Dosen aus wiederverwertbarem Aluminium hergestellt und könnten daher, wenn der Konsument «mitmachen» würde, eingeschmolzen und «recycled» werden. Allein in der kleinen Schweiz werden pro Jahr für alle (vorwiegend aber für den Menschen bestimmte) Nahrungsmittel etwa 500 Millionen Konservendosen verbraucht. Das sind etwa 20 000 Tonnen Dosenblech, das irgendwie beseitigt werden muß. Es ist tatsächlich an der Zeit, daß die Konsumenten dazu übergehen, sowohl die Weißblechdosen als auch die Alu-Dosen wiederzuverwerten, und/oder von den Nahrungsmittelherstellern größere und damit auch umweltfreundlichere Dosen verlangen. Dies gilt aber nicht nur für Heimtierfutter, sondern ebenso für unsere Nahrung! Sicher müßten wir mit den größeren Konservendosen wegen der Verderblichkeit der Lebensmittel vorsichtiger

umgehen, aber schließlich ist der Kunde «König», und die Industrie produziert nur das, was wir Konsumenten kaufen.

● Die verwirrende Vielzahl verschiedener Sorten und Marken und die großen, mit Tiernahrung gefüllten Regale in den Supermärkten. Ich glaube, daß dies auf verschiedene Gründe zurückzuführen ist: a) die freie Konkurrenz zwischen verschiedenen Herstellerfirmen, die durch unser westliches Wirtschaftssystem begünstigt und von den Konsumenten begrüßt wird; b) die Freßgewohnheiten der meisten heutigen Hauskatzen, die wählerisch sind und mitunter etwas Abwechslung genießen (dazu gleich noch mehr); und c) ganz einfach die große und immer noch steigende Popularität von Heimtieren in unserer Gesellschaft. Ich frage immer wieder die Leute, die sich durch das vielfältige Angebot in den langen Regalen mit Heimtiernahrung gestört fühlen, ob sie je darauf geachtet haben, wieviele Wasch- und Putzmittel in den Regalen daneben zu finden sind; man kann hier die gleichen Gründe anführen.

● Die zum Teil unterernährten Menschen im eigenen Land und in den Entwicklungsländern. Ich behaupte, daß Heimtiere an sich noch kein Luxus sind. Sie geben uns Menschen viel mehr, als die meisten Leute vielleicht annehmen; sie werden auch in den «primitivsten» Kulturen und in den ärmsten Ländern gehalten, aber natürlich werden sie dort nicht mit Dosennahrung gefüttert. Die Nahrung, mit der wir unsere Hunde und Katzen füttern, ist jedoch ohnehin nicht für den menschlichen Verzehr geeignet, sondern nur für Tiere (siehe weiter unten). Das Tierfutter erlaubt sogar eine umfassendere Ausnutzung des von uns produzierten Fleisches. Nun kann man dagegen immer noch einwenden, daß wir dann zu viel Fleisch produzieren und konsumieren. Das mag der Fall sein (vom Ernähungsbedarf her stimmt es ganz sicher), aber das gleiche können wir über fast alles in unserem täglichen Leben sagen: über Kleider, Autos, Musik und Unterhaltung; ich sehe nur keinen stichhaltigen Grund, weshalb ausgerechnet die Heimtierhaltung und die Futtermittelindustrie als Zielscheiben dieser Kritik dienen sollten.

Zum Inhalt der Dosen ist folgendes zu sagen: Die meisten Hersteller von Katzennahrung richten sich nach den neuesten wissenschaftlichen Erkenntnissen über alle Nährstoffbedürfnisse dieser Tiere (z. B. nach dem Buch *Nutrient Requirements of Cats*, das 1986 vom «U.S. National Research Council» herausgegeben wurde) und streben eine ausgewogene, den Erfordernissen entsprechende Zusammensetzung des Futters an. Mir persönlich ist es gleich, welches Fleisch und welche Körperteile oder Abfälle dazu aufbereitet werden, solange die zuständigen Behörden und die verantwortlichen Veterinärmediziner es für tiergerecht erklären, es nicht zu viel und nicht zu wenig vom einen oder anderen Nährstoff beinhaltet und es meine Katzen gerne fressen. Ich füttere sie nicht nur gelegentlich mit Essensresten, sondern auch mit Vollnahrung aus Dosen.

Trockenfutter. Im Prinzip gilt das eben über Dosennahrung gesagte in gleicher Weise für Trockenfutter, nur ist die Verpackung in der Regel umweltfreundlicher. Dafür gibt es aber einige zusätzliche Punkte, die erwähnt werden müssen: Trockenfutter ist eine äußerst konzentrierte Vollnahrung für Katzen, und die Anweisungen auf der Verpackung sollten, insbesondere was die Menge betrifft, genaustens befolgt werden; sonst besteht die Gefahr, daß Sie Ihre Tiere buchstäblich überfüttern. Ich würde meinen eigenen Katzen (und auch meinen Kolonietieren) *nicht* täglich über einen längeren Zeitraum *nur* Trockenfutter anbieten, weil *zu viel* Trockenfutter, jedenfalls das der meisten Hersteller, vor allem bei Katern zu Harnwegverstopfungen führen kann. Ich habe gehört, daß einige Produzenten ihr Trockenfutter nunmehr speziell behandeln, um diesem Problem Abhilfe zu schaffen; Ergebnisse aus Langzeitversuchen sind mir allerdings noch nicht bekannt, aber ich hoffe, daß sich dies bestätigen wird, denn es gibt einige andere, positive Aspekte dieser Form von Katzennahrung. Zu erwähnen ist hier, daß bei Trockenfutter (wie auch bei Frischfleisch) ein stärkerer Einsatz der Kaumuskulatur und der Zähne nötig ist und es mehrere Stunden lang in gleicher Frische zur Verfügung steht. Letzteres darf nicht fälschlicherweise nur als «noch mehr Bequemlichkeit» für den Besitzer interpretiert werden, denn, von ihrem natürlichen Beutefang- und Freßverhalten her gesehen, sind Katzen eher darauf eingerichtet, mehrere kleinere «Imbisse» (Mäuse) und nicht ein oder zwei üppige Mahlzeiten pro Tag zu sich zu nehmen. Andererseits dürfen wir auch nicht noch mehr Futter zur Verfügung stellen, nur damit der Futternapf den ganzen Tag über voll ist. Besser wäre es, einfach mehrere kleinere Portionen über den ganzen Tag zu verteilen, was zusätzlich die Interaktionszeit mit Ihrer Katze erhöhen könnte. (Die Portionen müßten jedoch nicht einzeln verpackt werden!)

Auf jeden Fall müssen Sie unbedingt immer für frisches Wasser sorgen, insbesondere wenn Sie konzentriertes Trockenfutter anbieten. Falls Ihre Katze nur selten trinkt, so stellen Sie den Wassernapf versuchsweise einmal in eine andere Ecke des Zimmers; in der freien Wildbahn trinken und fressen Katzen selten am gleichen Ort! Doch auch wenn Sie glauben, daß sie nie trinkt, ist es durchaus möglich, daß sie dies tut, wenn Sie nicht zuschauen; Auslaufkatzen trinken auch aus anderen Quellen.

Ich gebe meinen eigenen Katzen also gelegentlich Essensreste, ab und zu Frischfleisch aus der Metzgerei, etwa einmal pro Woche Trockenfutter und relativ oft Vollnahrung aus normal großen Dosen, wobei ich zwischen verschiedenen Sorten (Geschmacksrichtungen) abwechsle – und das alles mit reinem Gewissen.

Die heikle Katze

Die domestizierte Katze ist *nicht grundsätzlich* heikel, was ihr Futter anbelangt. Sie hat in der Regel gern etwas Abwechslung; schließlich gibt es verschiedene Beutetierarten, die wahrscheinlich – das nehme ich jedenfalls an – auch unterschiedlich schmecken. Leider *erziehen* viele Besitzer ihre Katzen dazu, heikel zu sein! Sobald das Tier «die Nase rümpft», rennen sie in den nächsten Laden, um eine andere Sorte zu kaufen und auszuprobieren.

Falls das «Richtige» gefunden wurde, bleiben sie dabei, die Katze gewöhnt sich daran, und schon haben wir wieder eine vermeintlich heikle Katze. Verschiedene Untersuchungen haben nun gezeigt, daß das Futter, das wir unseren Jungkatzen geben, ihre späteren Präferenzen beeinflußt. Deshalb rate ich allen Pflegern von Jungkatzen, die ihnen anvertrauten Tiere während und nach der Entwöhnung möglichst abwechslungsreich (mit verschiedenen Sorten und Typen von Katzennahrung) zu füttern; sie erweisen den zukünftigen Besitzern damit einen großen Dienst! Und ich rate den Besitzern älterer Katzen, das einmal angebotene Futter etwas länger stehen zu lassen und mindestens zwei Tage hintereinander frisch zu füttern. Hunger war schon immer der beste Koch, und die meisten Katzen haben heutzutage durchaus genug Reserven.

Die dicke Katze

Überfütterung macht Katzen dick, und dicke Katzen können, ähnlich wie Menschen, gesundheitlichen Schaden nehmen. Auch wenn Ihre Katze Ihnen unablässig um die Beine streicht und bettelt, sollten Sie nicht nachgeben! Es gibt schon zu viele Katzen mit Übergewicht, das eine Folge des Nachgiebigkeit der Besitzer ist und nicht direkt mit der Hochwertigkeit der Nahrung oder der Kastration zusammenhängt (siehe Kapitel 20). Sie sollten vielleicht überlegen, ob Sie der Katze nicht lieber kleinere und besser über den Tag verteilte Portionen geben könnten.

Falls Ihre Katze freien Auslauf hat und trotz streng kontrollierter Diät zuviel zunimmt, so sprechen Sie doch einmal mit Ihren Nachbarn! Es ist durchaus möglich, daß auch sie Ihre Katze füttern. (Unser Caesar war ein solcher Fall; wir haben schließlich herausgefunden, daß dieser sehr beliebte Kater regelmäßig an drei oder vier Orten fraß!) Obwohl es die Nachbarn sicher gut meinen, sollte es dem Besitzer vorbehalten bleiben, seine eigene Katze zu füttern. Das gleiche gilt für das Füttern streunender Katzen.

> *Bevor Sie streunende Katzen füttern, müssen Sie sicher sein, daß sie wirklich niemandem gehören, und sich auch über die möglichen Konsequenzen klar sein. Falls Sie anfangen, herrenlose Tiere zu füttern, ist es sehr wahrscheinlich, daß Sie sie nicht mehr loswerden, auch wenn Sie ihnen nur aus Mitleid «vorübergehend» helfen wollten.*

Das Futter der Bauernhofkatzen

Die meisten Bauernhofkatzen bekommen Milch, oft mit Brotstücken und Küchenresten. Daraus könnte man den Schluß ziehen, daß sie «falsch» ernährt werden. Wir dürfen aber nicht vergessen, daß diese Katzen im Freien leben und die meisten von ihnen natürlich auch Beutetiere – die «ausgewogenste» Nahrung – fangen und fressen. Andererseits füttern viele Bauern ihre Katzen *absichtlich* wenig, weil sie glauben, daß sie dann mehr Beutetiere fangen. Wie wir in Kapitel 11 erfahren haben, ist die Jagdmotivation jedoch vom Hunger abgekoppelt und unabhängig; ausreichend gefütterte Katzen jagen, fangen und töten ebenso viele Beutetiere wie hungrige. Falls sie aber nicht genügend Futter bekommen und zudem auch nicht genügend Beute fangen können, verlieren sie ihre Kondition, und das könnte tatsächlich ihren Jagderfolg beeinträchtigen. Die Moral der Geschichte *für den Bauern* lautet: Geben Sie den Katzen weiterhin das, was eben vorhanden ist, auch Fleischreste, aber füttern Sie genug!

19. Gesundheitskontrolle

Auch wenn es im Volksmund heißt, Katzen hätten sieben oder gar neun Leben, sollten Sie alles dafür tun, daß Ihre Tiere heil durch ein Leben kommen, denn obwohl Katzen im allgemeinen als relativ «zäh» gelten, gibt es doch einige Krankheiten, die zum Tod des Tieres führen können. Zum Glück sind heute gegen die meisten dieser Krankheiten Impfstoffe erhältlich, und es ist auch beruhigend zu wissen, daß nur verhältnismäßig wenige Katzenkrankheiten auf den Menschen übertragen werden können (die sogenannten Zooanthroponosen). Eine Übertragung kommt auch nur sehr selten vor; insgesamt sollte man die Infektionsgefahr für den Menschen nicht überschätzen, vor allem wenn man die Grundregeln der Hygiene beachtet.

Ich möchte jedoch vorausschicken, daß ich kein Tierarzt bin und daß das, was ich zu sagen habe, aus meinen Erfahrungen mit einer Reihe von Tierärzten stammt, die meine vielen Katzen an der Universität und zu Hause im Lauf vieler Jahre betreut haben. Natürlich ist Ihr privater Tierarzt jederzeit gerne bereit, Ihnen genauere Auskünfte zu geben und Ihnen und Ihrem Tier behilflich zu sein. Ich bitte die Tierärzte, die dieses Kapitel lesen und die Darstellung für «zu sehr vereinfacht» halten, um Entschuldigung; auch ich muß mit einigen ihrer Kollegen, die sich zur Ethologie unserer Heimtierarten äußern, ohne auf diesem Gebiet speziell geschult zu sein, immer wieder Nachsicht üben. Mir geht es hier nur um einen kurzen Überblick über die häufigsten und/oder gefährlichsten Gesundheitsprobleme bei Katzen, damit Sie darauf vorbereitet sind, Ihre Tiere vorbeugend vom Tierarzt behandeln zu lassen. Die Empfehlungen gelten wegen des wahrscheinlich häufigeren Kontakts mit anderen Tieren insbesondere für Hauskatzen mit freiem Auslauf.

Impfungen gegen sehr gefährliche Krankheiten
Katzenseuche (Panleukopenie)/Katzenschnupfen. **Alle** Jungkatzen sollten (jedoch frühestens im Alter von acht Wochen) gegen die ziemlich häufig auftretende Katzenseuche, eine für Katzen verheerende Krankheit, die meist mit einem qualvollen Tod endet, geimpft werden. Bald nach der ersten Impfung verabreicht man eine weitere Dosis des Serums; später sollte dieser Impf-

schutz durch eine jährliche Nachimpfung sichergestellt werden. Die wichtigsten Symptome dieser Viruserkrankung des Verdauungstrakts bei nicht geimpften Katzen sind extrem passives Verhalten, Verweigern der Nahrung, Ausfluß aus Augen und Nase, oft vermehrter Speichelfluß, Fieber, Gewichtsverlust und manchmal auch häufiges Erbrechen und Durchfall. (Auch ältere Katzen können neu geimpft werden – falls Sie nicht sicher sind, ob Ihre Katze je geimpft wurde.) Die meisten gängigen Präparate schützen gleichzeitig auch gegen den Katzenschnupfen, eine weitere Viruserkrankung, die für Katzen ebenfalls äußerst ansteckend, jedoch weniger gefährlich als die Seuche ist. Die Symptome ähneln denen der Seuche, aber hinzu kommt häufiges Niesen, manchmal auch Husten. Falls sich eine Katze trotz Impfung «erkältet», ist der Krankheitsverlauf meistens kürzer und unproblematischer als ohne diesen Impfschutz.

Tollwut. Tollwut ist eine für viele Tiere *und auch für den Menschen* tödlich verlaufende Viruskrankheit. Der Virus kann unter anderem durch Biß- und Kratzwunden übertragen werden. Es könnte beispielsweise sein, daß die Katze mit einem infizierten Wildtier (häufig handelt es sich um Füchse) streitet und von ihm gebissen wird, dann nach Hause kommt und den Virus unbemerkt auf ein Mitglied der Besitzerfamilie überträgt. Falls die Behandlung der Infektion nicht früh genug eingeleitet wird, sind die Überlebenschancen für den Menschen gleich Null! Zum Glück finden solche Zwischenfälle heutzutage äußerst selten statt, da die Tollwut in vielen Ländern dank regelmäßiger Impfkampagnen und genauer Überwachung der Meldungen unter Kontrolle ist. Sie müssen selbst entscheiden, ob sie Ihrer Katze diese hundertprozentig wirksame Impfung verabreichen lassen wollen; ich halte sie für unerläßlich, wenn sich das Primärheim der Auslaufkatze in der Nähe eines Waldes befindet – also nur einige hundert Meter vom Waldrand entfernt ist –, auf jeden Fall dann, wenn es innerhalb eines «Tollwut-Sperrgebiets» oder in dessen Nähe liegt.

FeLV (feliner Leukämievirus)/Katzenleukämie/Leukose. Etwa drei Prozent aller freilaufenden Katzen sind mit diesem für Menschen ungefährlichen Virus infiziert, der für verschiedene Krankheiten verantwortlich ist, darunter auch die Leukämie (auch Leukose genannt), eine krebsartige Erkrankung der Zellen des Abwehrsystems. Aber häufiger sterben die FeLV-infizierten Katzen an Blutarmut und Schwäche des Immunsystems; diese Immunschwäche macht – ähnlich wie die durch den AIDS-Virus bei Menschen verursachte – das Tier für andere infektiöse Katzenkrankeiten (die dann tödlich wirken) anfällig. Es handelt sich hierbei aber nicht um den gleichen Virus, der bei Menschen AIDS erregt, sondern um einen – nach dem heutigen Stand der Forschung zu urteilen – für den Katzenbesitzer harmlosen Virus! Forscher studieren den Verlauf und die Epidemiologie der Katzen-FeLV lediglich als Modell für weitere Untersuchungen der AIDS-Erkrankung bei Menschen. Seit einigen Jahren gibt es nun eine ziemlich teure Schutzimpfung für Katzen, die allerdings etwas umstritten ist (oder war). Vor einer solchen Impfung muß man an dem Tier eine Blutuntersuchung vornehmen, um sicher zu sein, daß es nicht schon infiziert ist. Sprechen Sie am besten mit Ihrem Tierarzt darüber und befolgen Sie seinen Rat, denn er wird immer die aktuellsten Informationen zur Verfügung haben.

FIP («feline» infektiöse Peritonitis). Auch dies ist eine für Katzen sehr gefährliche, von einem Virus verursachte Krankheit, die wiederum nicht auf den Menschen übertragbar ist. Ihr können, wie auch der Katzenseuche, ganze Katzenbestände in ländlichen Gegenden und Siedlungsgebieten zum Opfer fallen. Der Virus greift das Bauchfell (Peritoneum) an, das den Magen und die inneren Organe umhüllt. Die Symptome, die möglicherweise erst einige Wochen nach der Infektion auftreten, schließen die folgenden ein: Fieber, Appetitlosigkeit, Gewichtsverlust, manchmal auch Erbrechen und Durchfall, Bauch und Unterleib sind stark aufgeschwollen. FIP endet meistens tödlich und ist für Katzen sehr ansteckend, vor allem für jüngere (weniger als drei Jahre alte) Tiere; viele Katzen entwickeln aber mit der Zeit eine natürliche Immunität gegen diesen Virus; deshalb ist ein Nachweis von FIP-Antikörpern im Blut nicht sonderlich aussagekräftig (es handelt sich nicht um einen Test zum Nachweis des Virus). In manchen Gegenden weisen bis zu 25% der Auslaufkatzen Antikörper auf. Es gibt leider keinen Impfstoff gegen diese Krankheit; der einzige Schutz dagegen besteht vielleicht darin, dafür zu sorgen, daß die Katzen ganz allgemein kräftig und gesund bleiben.

Innere (Endo-) und äußere (Ekto-) Parasiten

Jederman weiß, daß Katzen immer wieder Würmer auflesen, meistens, im Fall von Rund- oder Spulwürmern, durch das Fressen infizierter Beutetiere oder durch die Milch einer infizierten Mutter, oder auch, im Fall von Bandwürmern, durch infizierte Flöhe und Beutetiere. Würmer sind Parasiten mit eigenem Lebenszyklus, die von ihrem Wirt (und oft auch den Zwischenwirten wie Nagern und Flöhen) abhängig sind; sie haben sich im Lauf der Evolution zusammen mit den Wirtstieren entwickelt. Die erwachsenen Parasiten leben z. B. im Dünndarm der Katze, wo sie sich ebenfalls von der von der Katze verdauten Nahrung ernähren. Ein normaler Wurmbefall ist für die Katze kein sehr ernstes Problem – im Gegensatz zu einem starken Befall mit den folgenden möglichen Symptomen: Husten, Erbrechen (manchmal sind Würmer im Erbrochenen zu erkennen), Durchfall oder schleimiger Kot (ebenfalls oft mit sichtbaren Würmern), geblähter Bauch, struppiges und mattes Fell, rote Flecken am Bauch oder zwischen den Zehen und/oder andauernde Müdigkeit.

Die Würmer scheiden ihre Eier im Kot der Katze aus. Dies ist einer von mehreren Gründen (siehe auch Kapitel 20), weshalb man die Kotkiste regelmäßig entleeren und reinigen muß; danach sind auch die Hände gründlich zu waschen. Die Eier bleiben manchmal unter dem Schwanzansatz und um den After des Tieres hängen – ein gewichtiger Grund, die Katze nicht mit ins Bett zu nehmen! Außerdem sollten die Sandkästen auf Kinderspielplätzen nachts zugedeckt und über den Winter geleert und gereinigt werden; falls sich Wurmeier darin befinden und spielende Kleinkinder mit den Händen Sand in den Mund bringen, kann es zu einer Infestation kommen. Aber bitte keine Panik! Würmer sind nicht allzu gefährlich und relativ leicht mit einer vom Arzt durchgeführten Kur zu beseitigen. (Der Mensch hat sich ebenfalls zusammen mit diversen Parasiten co-evoluiert!) Zudem werden sehr viele Katzen heutzutage vor allem in Siedlungsgebieten regelmäßig gegen Würmer behandelt. Normalerweise führt man Wurmkuren bei werdenden Katzenmüttern und – mehrmals – bei den heranwachsenden Jungtieren durch (in beiden Fällen nur nach den Anweisungen des Tierarztes oder den Instruktionen, die dem Medikament beiliegen), danach folgen etwa zwei bis dreimal jährlich Kuren gegen Rund- und Spulwürmer. Solche Kuren können Sie ohne weiteres zu Hause durchführen, nachdem Sie das Medikament vom Tierarzt bekommen haben. Wegen des Lebenszyklus der Würmer ist die Nachbehandlung, die in der Regel etwa zehn Tage später (wegen möglicherweise immer noch vorhandener Eier) erfolgen sollte, nicht zu vergessen! Weniger oft, aber auch nicht selten, werden Katzen von einem Bandwurm befallen, der mit einem anderen Mittel behandelt wird als Rund- und Spulwürmer. Katzenbandwürmer sind, im Gegensatz zu Hundebandwürmern, für Menschen weniger problematisch. Man sollte aber nicht zu oft «entwurmen», weil das mit der Zeit zu einer Immunität der Parasiten führen kann.

Besonders die Bauern sollten mehr auf die von Würmern befallenen Katzen achten. Wie erwähnt, ist die Jagdleistung eines durch Parasiten geschwächten Tieres wahrscheinlich geringer. Eine Wurmkur ist nicht teuer, und es lohnt sich, den Tierarzt bei seinem Besuch wenigstens die gerade anwesenden Katzen behandeln zu lassen.

Die häufig vorkommenden Ektoparasiten – Flöhe, Zecken und Ohrmilben – sind noch einfacher zu behandeln. Ein beim Tierarzt, in der Drogerie oder im Zoogeschäft erhältliches «Flohhalsband» ist leicht anzulegen und gegen das meiste äußere Ungeziefer sehr wirksam; es sollte aber so eng angelegt werden, daß nur die Spitze des kleinen Fingers darunter Platz hat, damit die Katze sich nicht mit dem Halsband an Ästen usw. verfangen kann. Vorsicht ist geboten, falls Sie ein Puder gegen Flöhe verwenden; vor allem bei Jungtieren besteht die Gefahr, daß Sie ungewollt eine Überdosis verabreichen. (Wie alle giftigen Mittel sollten Halsbänder und Puder außerhalb der Reichweite von Kleinkindern aufbewahrt werden; die Hände sind nach dem Gebrauch solcher Mittel gründlich zu waschen.)

Es gibt verschiedene Sorten von Katzenmilben. Am häufigsten trifft man die Milben in den Ohrmuscheln an; sie sind <u>für den Menschen ungefährlich</u>, können aber zu Gleichgewichtsstörungen führen, wenn die Katze länger und stark davon befallen ist. Katzen mit Ohrmilben tragen oft den Kopf etwas zur Seite geneigt, schütteln ihn häufig und kratzen sich an den Ohren. Wenn Sie in die Ohrmuscheln und die Ohrkanäle hineinschauen und eine dunkle, rötliche Schicht oder Flecken sehen, so handelt es sich mit ziemlicher Sicherheit um Ohrmilben. Ihr Tierarzt wird Ihnen gegen diese Parasiten eine Flüssigkeit mitgeben, von der einige Tage lang regelmäßig jeweils ein paar Tropfen in die Ohren einzuträufeln und einzumassieren sind. Nur eine zum Glück recht seltene Milbenart kann auf den Menschen übergreifen und einen Hautausschlag verursachen – ein weiterer Grund, Katzen vom Bett fernzuhalten; diese Milbenart ist aber ebenfalls leicht zu eliminieren.

Eine von einem Einzeller verursachte Krankheit – Toxoplasmose

In jüngerer Zeit hat eine von dem Einzeller *Toxoplasmosa gondii* verursachte Krankheit vor allem bei schwangeren Frauen für Unruhe gesorgt. Die «Eier» («Oozyten») dieser Darmparasiten, die mit der Nahrung (Fleisch und Eier) aufgenommen werden, infizieren sehr viele Säugetier- und Vogelarten und auch Menschen. Eine große Zahl von Hauskatzen wurde aus Angst vor dieser Krankheit, aber eigentlich grundlos, in Tierheime abgeschoben oder sogar eingeschläfert. Wie es oft der Fall ist, erfuhr die Öffentlichkeit auch hier nur die halbe Wahrheit, und die Risiken einer Fehlgeburt oder einer Mißbildung des ungeborenen Kindes – Toxoplasmose ist dafür nur höchst selten verantwortlich – wurden übertrieben. Sechzig bis achtzig Prozent aller Menschen in unseren Breitengraden haben irgendwann einmal diese Infektion gehabt, ohne etwas davon zu ahnen, und heil überstanden! Ich möchte aber auch nicht die Gefahren dieser Krankheit für *schwangere* Frauen herunterspielen. Heutzutage können Sie eine Blutprobe Ihrer Katze auf Toxoplasmose untersuchen lassen; je nach Grad und Stadium der Infektion wird sie *täglich* mit einem geeigneten Medikament behandelt (während dieser Zeit ist die Katze im Haus zu behalten). Außerdem können und sollten alle schwangeren Frauen – ob sie nun eine Katze besitzen oder nicht – eine Blutprobe auf Toxoplasmose untersuchen lassen, möglichst zu Beginn, aber auch später in der Schwangerschaft. Bei völlig negativem Befund (wenn es also nie zu einem Kontakt mit dem Einzeller kam und demzufolge *keine* natürliche Immunität besteht) ist es zu empfehlen, die eigene Katze vorübergehend anderswo unterzubringen, da eine erstmalige Infektion während der Schwangerschaft am gefährlichsten ist. Aber auch solche Infektionen können ohne Schaden medikamentös behandelt werden – *wenn man sie frühzeitig entdeckt.* Auf jeden Fall sollten Sie den Rat Ihres Arztes befolgen, um Komplikationen zu vermeiden! (Mehr erfahren Sie über diese Krankheit bei Katzen – und Menschen – in dem Buch von Dr. med. vet. Rolf Spangenberg, siehe *Empfohlene Literatur*).

Eine Schlußbemerkung

Weder die Erkankungen Ihrer Katze noch die auf den Menschen übertragbaren Katzenkrankheiten dürfen mißachtet werden; sie sind entweder von einem Veterinär oder von einem Humanmediziner zu behandeln. Die Gefahren für den Menschen (ob es sich nun um Katzenbesitzer handelt oder nicht) sollten aber auch nicht überschätzt werden! Wenn Sie die *Grundregeln der Hygiene beachten und den Tierarzt regelmäßig aufsuchen, um Gesundheitskontrollen und prophylaktische Behandlungen vornehmen zu lassen*, vermeiden Sie die meisten gesundheitlichen Probleme und erhöhen die Lebensqualität und die Lebensdauer Ihrer samtpfotigen Gefährten.

Verhaltensstörungen?

20. Markieren und Kastration

Harn (Urin) und Kot sind Abfallprodukte, die aus jedem Körper ausgeschieden werden müssen; aber sie dienen in der Tierwelt auch oft als Quellen «sozialer Düfte» (Geruchsmarken), durch die Informationen an Artgenossen übermittelt werden. Manchmal ist das Verspritzen des Harns oder das Absetzen des Kots an einem vom Besitzer des Heimtieres für ungeeignet betrachteten Ort (Unsauberkeit) ärgerlich. In diesem Kapitel möchte ich zuerst die Bedeutung der Harnmarken bei Katzen diskutieren, und danach befassen wir uns mit den Argumenten für und gegen eine der am häufigsten angewendeten Methoden, das Harnspritzen zu unterbinden, nämlich mit der Kastration. Zuletzt betrachten wir einige der Gründe, die dazu führen können, daß das Katzenklo nicht in der erwünschten Weise gebraucht wird, und somit für Unsauberkeit verantwortlich sind.

Harnen und Harnspritzen

Katzen beiderlei Geschlechts können die Hinterpartie etwas gegen den Boden drücken und in dieser Stellung urinieren, oder sie können steifbeinig den Schwanz nach oben strecken und den Harn nach hinten (meist gegen ein senkrecht stehendes Objekt) spritzen; oft zittert die Schwanzspitze während des Harnspritzens. Die Ethologen unterscheiden also zwischen «harnen» und «Harn spritzen». Ob der Urin selber, je nachdem ob er eliminiert oder gespritzt wird, sich etwas anders zusammensetzt, ist umstritten. Eine frühere Untersuchung deutete darauf hin, daß die Katzen zwischen dem Harn, der eliminiert, und dem Harn, der gespritzt wurde, unterscheiden können; die jüngste, sehr streng kontrollierte Studie meines Diplomanden Ueli Matter konnte keinen derartigen Unterschied bestätigen, d. h. alle Katzen reagierten auf gespritzten und exkretorischen Harn gleich.

Auf jeden Fall benutzen die Katzen mit freiem Auslauf den Harn als Informationsträger – sie beschnuppern den Harn ihrer Artgenossen –, und wir können uns fragen: Welche Informationen werden übermittelt? Viele Besitzer sind der Meinung, daß Katzen mit dem Harn ihre Reviergrenzen markieren, daß die Harnmarken also bedeuten: «Hier ist die Grenze meines Territoriums.» Doch wissen wir seit kurzem, daß die wenigsten Hauskatzen heutzutage noch im klassischen Sinne «territorial» sind (siehe Kapitel 10), und Ueli Matter und ich konnten feststellen, daß Katzen ihren Harn überall in ihrem Streifgebiet, aber gar nicht besonders häufig an dessen Grenzen hinterlassen. Während eines Ausflugs spritzen Katzen *beiderlei* Geschlechts ihren Harn ziemlich häufig und regelmäßig, obwohl Kater dies deutlich öfter tun als Weibchen; die Spritzhäufigkeit liegt in der Regel zwischen zwei- und zwanzigmal pro Stunde. Gelegentlich wird beobachtet, daß ein Tier die Harnmarke eines anderen mit seinem eigenen Harn «übermalt». Die jüngsten Untersuchungen von Eugenia Natoli in Italien und Ueli Matter in der Schweiz zeigen, daß die männlichen wie auch die weiblichen Katzen zwischen dem Harn eines fremden Katers, dem eines ihnen bekannten Katers und dem eines Weibchens unterscheiden können, und daß sie zudem auf den Harn intakter bzw. kastrierter Tiere unterschiedlich reagieren.

Schon vor dreißig Jahren vermuteten Paul Leyhausen und Rosemarie Wolff, daß Katzen mittels der Urinduftmarken den «Verkehr» in einem Gebiet so regeln können, daß Begegnungen vermieden werden. Dies mag in erster Linie für Gebiete mit niedrigerer Bestandsdichte gelten. Hinzu kommt nun die Möglichkeit, daß Katzen ihre Harnmarken brauchen, um festzustellen, welche anderen Tiere dasselbe Gebiet benutzen; es ist allerdings noch nicht geklärt, ob sie auf diese Weise einzelne Individuen oder nur die Geschlechtszugehörigkeit erkennen können.

Harnspritzen und Kastration

Normalerweise beginnen die Tiere mit dem Harnspritzen, sobald sie geschlechtsreif sind; Kater spritzen bis zu zehnmal häufiger als Weibchen. Obwohl dies nun ein völlig normales Verhaltensmuster ist, bringt es für den Besitzer von Wohnungskatzen ohne Auslauf oft Probleme mit sich, denn diese Tiere haben keine andere Wahl, als ihren Harn auf Objekte in der Wohnung abzusetzen, und der Geruch des Urins ist recht penetrant. Bekanntlich läßt sich das Harnspritzen durch die Kastration des Tieres reduzieren und oft, wenn auch nicht immer, sogar ganz ausschal-

142

ten, vor allem dann, wenn die Operation kurz *vor dem Eintreten der Geschlechtsreife* vorgenommen wird. Da unsere Untersuchungen zeigen, daß kastrierte Tiere ihre Präsenz in einem Gebiet ebensogut mit gewöhnlichem wie mit gespritztem Harn demonstrieren können, darf es nicht als Argument gegen die Kastration gewertet werden, daß durch diesen Eingriff ein an sich normales Verhalten unterbunden wird. Eine spätere Operation an geschlechtsreifen Tieren hat geringere Erfolgsaussichten, was das Ausschalten bereits ausgebildeter Harnspritz-Verhaltensmuster anbelangt. (In diesem Zusammenhang möchte ich auch erwähnen, daß es absolut keinen stichhaltigen Grund gibt, weshalb ein Weibchen erst einen Wurf haben sollte, bevor es kastriert wird.)

Neben der hormonellen Umstellung, von der die körperliche Reifung begleitet wird, gibt es noch andere Faktoren, die entweder die Häufigkeit des Harnspritzens beeinflussen oder das plötzliche Wiederauftreten des Spritzens bei kastrierten Tieren hervorrufen. Das Hormon *Androgen* steigert die Häufigkeit des Spritzens. Relativ oft enthalten Medikamente für ältere Katzen dieses Hormon; sobald die medikamentöse Behandlung des Tieres abgeschlossen ist, verschwindet das vermehrte Markierverhalten in der Regel wieder. Das Hormon *Progesteron* senkt die Häufigkeit des Harnspritzens; persönlich bin ich jedoch nicht dafür, daß ein Tier *ständig* mit Hormonen behandelt wird. Harnspritzen ist auch häufiger in Haushalten mit sehr vielen Katzen ein Problem; bei einer nicht sozial aufgewachsenen Katze können die Ankunft und damit die ungewohnte physische Präsenz eines neuen Tieres im Primärheim oder die neuen Düfte und Vokalisationen in der Nachbarschaft ein Auftreten dieses Verhaltens bewirken.

Falls Ihre Katze irgendwo im Haus (außerhalb ihres Katzenklos) mit Harn markiert hat, reinigen Sie die Stelle sofort mit Seife oder einem Putzmittel und anschließend (wenn möglich) mit Essig; benützen Sie jedoch niemals ammoniakhaltige Reinigungsmittel, denn der Ammoniakgeruch zieht die Katzen gerade an! Falls diese Maßnahmen nichts nützen und Ihre Katze immer wieder an einer bestimmten Stelle im Haus spritzt oder harnt, versuchen Sie die Bedeutung dieser

> *Stelle für Ihre Katze zu modifizieren, indem Sie das Tier*
> *beispielsweise vorübergehend dort füttern oder mit ihm häu-*
> *figer an diesem Ort spielen.*

Die sicherste Methode, um dieses Problem zu vermeiden, ist jedoch die frühzeitige Kastration Ihres Tieres, die Ihnen *und* Ihrer
Katze viele Unannehmlichkeiten erspart. Noch wichtiger in bezug auf die Kastration ist die Überlegung, daß es schon jetzt
genügend viele *herumstreunende, herrenlose Tiere* gibt, die über-
fahren oder angeschossen werden, krank sind und schlecht oder
gar nicht gepflegt werden, ohne daß zwei- bis dreimal pro Jahr
neue hinzukommen! Die Operation ist für das Tier schmerzlos,
und es «vermißt» danach nichts. Englische Studien zeigen, daß
kastrierte Katzen den Menschen gegenüber anhänglicher und ihren Artgenossen gegenüber weniger aggressiv sind; *keine* Untersuchung bestätigt jedoch den relativ weit verbreiteten Mythos,
demzufolge die Katzen *wegen der Kastration* dick würden (siehe
Kapitel 18).

Unsauberkeit: Das Katzenklo

Schon als Jungtiere decken die meisten Katzen ihren Kot mit
Scharrbewegungen zu, vor allem in der Nähe ihres Nestes bzw.
Primärheims. In einigen Studiengebieten haben Forscher hingegen beobachtet, daß die Tiere ihren Kot manchmal einfach draußen in ihrem Revier liegenlassen, ohne ihn zu bedecken, oder
sogar an für das menschliche Auge sehr auffallenden Orten absetzen. Ob das Zudecken des Kots am Wohnort mehr damit zu
tun hat, daß ein potentieller Feind nicht durch Exkremente auf
das Vorhandensein eines Nestes aufmerksam gemacht werden
soll, eher eine Sache der Nesthygiene ist oder der nicht zuge-
scharrte Kot draußen Markierfunktion hat, wissen wir nicht.

Katzen gelten als äußerst saubere Tiere und benutzen fast immer eine ihren Bedürfnissen entsprechend eingerichtete und ge-
pflegte Katzentoilette, wenn sie ihnen zu Hause zur Verfügung
steht. Einer Jungkatze, die in Alter von zehn bis zwölf Wochen
an einen neuen Wohnort kommt, braucht man in der Regel lediglich ein- bis zweimal den Platz des Katzenklos zu zeigen, indem
man sie hochhebt und auf die Einstreu setzt, und schon hat sie es
begriffen. Manchmal koten Katzen (insbesondere Kater) zum

Zeitpunkt ihres Reifwerdens an ungewöhnlichen Orten (unter Umständen sogar auf einem Bett!), danach aber nie wieder. Obwohl absolut gesehen eher selten, ist die Unsauberkeit eine der am häufigsten vorkommenden «Verhaltensstörungen» bei Katzen, und die Liste der möglichen Gründe für ein plötzliches Auftreten dieser Unart ist sehr lang. Das Absetzen von Kot, aber auch von Harn an einem ungewöhnlichen Ort kann einen organischen Grund haben; dies sollte durch eine tierärztliche Untersuchung abgeklärt werden. Viel häufiger ist jedoch «menschliches Versagen» in Zusammenhang mit der Katzentoilette als Ursache zu verzeichnen.

Das Klo darf nicht zu klein sein (mindestens 30 x 40 cm), muß aus pflegeleichtem Material (z. B. Hartplastik) bestehen und ist täglich zu reinigen. Es sollte immer am gleichen Ort stehen, und dieser Ort sollte nicht gleichzeitig der Schlaf- und Freßplatz der Katze sein, denn auch kein freilebendes Tier frißt, schläft und kotet am selben Ort. Nach einer Faustregel sollte man pro Katze eine Toilette einrichten; manche Katzen wollen unbedingt ihre eigene. Bei hartnäckigen Problemtieren kann sogar ein Zweittoilette helfen; das Tier kann dann – wie es Freilandkatzen meistens tun – Kot und Harn getrennt absetzen. Ich kenne einige Besitzer, die ein Klo mit einem fast vollständig geschlossenen Deckel nach Hause brachten – und ihre Katzen erledigten plötzlich ihr Geschäft anderswo, denn sie sind ja eigentlich keine Höhlentiere! Außerdem ist das tägliche Entfernen von Kot und feuchter Einstreu ein besseres Mittel gegen lästigen Geruch als eine Abdeckung. Öfters gibt es Probleme mit der Streu: Manche Tiere zeigen eine Vorliebe für handelsübliche Einstreu, andere für Sägespäne oder Papierfetzen usw., während wieder andere die eine oder andere Art von Streu ablehnen; diese Präferenzen treten oft erst dann zutage, wenn der Besitzer aus irgendeinem Grund die Streusorte wechselt. Es gibt zudem parfümierte Einstreu und parfümierte Klosprays, die aber nicht jedermanns (Pardon: jederkatzes) Sache sind.

Schließlich gibt es tatsächlich auch einige «Psycho-Fälle», Tiere, die man gewöhnlich als verhaltensgestört bezeichnet, doch liegt diesen Fällen meistens «menschliches Versagen» im Hinblick auf die Befriedigung der art- und tierspezifischen Bedürfnisse zugrunde. Solche Probleme werden im nächsten Kapitel über Aggression und Destruktivität etwas ausführlicher diskutiert, und ich erwähne hier deswegen nur zwei Beispiele: Es kommt oft vor, daß eine Katze, die einmal sehr erschrocken ist (z. B. von Kindern gepackt wurde), während sie gerade das Klo benutzte, in der Folge dieses Klo oder den Ort, an dem dieses Klo aufgestellt ist, meidet. Mitunter verändern auch wir Menschen (mehr oder weniger bewußt) die Umwelt der Katze sehr stark – ein Baby kommt ins Haus, neue Wohnzimmermöbel werden geliefert, die erwachsenen Kinder ziehen aus, eine weitere Katze wird angeschafft, eine fremde Katze wird «nur» draußen gefüttert, und der Besitzer meint, sein eigenes Tier würde dies nicht bemerken. In allen diesen Situationen könnte plötzliche Unsauberkeit auftreten: als Trotz- oder Protestreaktion, wie die meisten Psychologen sagen würden!

In solchen oder ähnlichen Fällen gilt es, die Ursache des störenden Verhaltens ausfindig zu machen und sie zu beheben. Zunächst aber putzen Sie die verschmutzte Stelle so gut es geht mit Seife oder einem Reinigungsmittel (das keinen Ammoniak enthalten darf) und mit Essig. Falls die Katze immer wieder am gleichen (falschen) Ort kotet, so stellen Sie vorübergehend ein zweites, neues Klo dort auf und verschieben Sie es pro Tag etwa zehn bis zwanzig Zentimeter in Richtung des ursprünglichen Toilettenplatzes; sobald dieses zweite Klo etwa ein bis zwei Meter vom unerwünschten Kotplatz entfernt ist, füttern Sie ihre Katze einige Mal am «falschen» Kotplatz.

Zum Glück bleiben die meisten Katzenbesitzer von solchen Problemen verschont; wenn sie jedoch auftreten, gefährden sie die Beziehung zwischen Mensch und Katze und müssen daher behoben werden. Dasselbe gilt für Aggression und Destruktivität – Thema des nächsten Kapitels.

21. *Aggression und Destruktivität*

Katzen haben Zähne und Krallen, die sie nötigenfalls als «Waffen» zur Selbstverteidigung gebrauchen können. Wir betrachten zuerst ihren Einsatz bei direkten Interaktionen mit Menschen. Krallen können aber auch als «Signalgeber» benutzt werden, um Dominanz zu demonstrieren oder um – indirekt – den Protest gegen eine nicht art- oder tiergemäße Haltung zum Ausdruck zu bringen!

Zähne und Krallen werden sowohl bei innerartlichen wie auch bei zwischenartlichen Interaktionen benutzt. Der Mensch und die Katze müssen miteinander kommunizieren können, was angesichts der Sprachbarriere natürlich nicht leicht ist (siehe auch Kapitel 14 und 15). Katzen können uns durch schwache bis mittelstarke Bisse (z. B. in die Hand) oder leichtes Kratzen mit den Krallen zu verstehen geben, daß ihnen etwas nicht gefällt oder daß wir mit etwas für sie Unangenehmem aufhören sollen. Wenn wir nicht auf solche Warnungen reagieren, setzen sie öfters auch mehr Kraft ein, was für den Menschen recht schmerzhaft sein und ihn sogar verletzen kann. Auf diese Weise können Katzen jedenfalls unser Verhalten während der Interaktionen modifizieren und konditionieren. Wer kennt nicht die sanften «Liebesbisse» der Katze? Wer hat es noch nie erlebt, daß sich ein Tier mitten in einer Spielinteraktion plötzlich umdreht und mehr oder weniger fest «zupackt»? Auch Katzen unterliegen verschiedenen Motivationen, die sich im Verlauf einer Interaktion verändern können, und es ist wahrscheinlich, daß wir in einer bestimmten Situation ein Warnsignal übersehen haben. Sie werden dann zwangsläufig etwas erregt und aggressiv, doch sollten wir dies nicht überbewerten.

Zum Glück werden Katzen nur sehr selten so wütend, daß sie wirklich auf Menschen losgehen; in den meisten Fällen, von denen ich gehört habe, handelte es sich um während der Rolligkeit eingesperrte Tiere – auch dies spricht wieder für die Kastration. Aber seien Sie vorsichtig: Jede Bißwunde, die von einem fleischfressenden Tier stammt, muß unbedingt sofort medizinisch behandelt werden – sonst könnte es zu bösartigen Infektionen mit üblen Folgen kommen.

Bevor es aber so weit ist, geben uns die Katzen meistens ein

Zeichen ihrer Unzufriedenheit mit der jeweiligen Situation, sei es durch ihre plötzlich auftretende Unsauberkeit (siehe Kapitel 20), durch heftige Verweigerung der üblichen Kontakte oder vermehrte «Destruktivität» in der Wohnung, also den Einsatz der Krallen an Möbeln, Tapeten, Vorhängen usw. Erst in jüngster Zeit begannen wir Ethologen zu verstehen, was das «Krallenwetzen» für die Katzen bedeutet.

Aus Verhaltensstudien im Freiland wissen wir, daß Katzen sich häufig an einem Baum oder einem Holzpfosten aufrichten und die Krallen kräftig an diesem Objekt entlangziehen. Da man an solchen Orten (und auch in der Wohnung) oft abgenutzte Krallenhüllen gefunden hat, wurde lange Zeit angenommen, daß die Katzen auf diese Weise ihre Krallen «wetzen». Das mag wohl die ursprüngliche Funktion dieser Verhaltensgebärde gewesen sein, die vielleicht immer noch eine Rolle spielt. Doch häufen sich die Hinweise darauf, daß das «Krallenwetzen» auch eine optische Dominanzgebärde ist. Ueli Matter und ich stellten fest, daß freilebende Katzen ihre Krallen in Anwesenheit anderer Artgenossen häufiger «wetzen» als wenn sie allein sind; Forscher an der Universität von Cambridge haben Anhaltspunkte dafür, daß es vor allem die dominanten Tiere sind, die demonstrativ ihre Krallen vor unterlegenen Tieren wetzen (siehe Bildteil). Leider ist es in einigen Länder immer noch nicht – wie z. B. in der Schweiz und in Westdeutschland – verboten, die Krallen operativ zu entfernen. Es ist erstaunlich, wie oft in Haushalten mit vermeintlich destruktiven Katzen nicht einmal das Naheliegendste versucht wurde, nämlich einen geeigneten Kratzbaum für die Tiere aufzustellen.

Für Katzen gibt es in den Warenhäusern und Zoofachgeschäften Kratzbäume in jeder Preislage; am billigsten ist es, wenn Sie selbst einen konstruieren, z. B. mit einem alten Stück Teppich oder einem alten Holzbock. Verschaffen Sie Ihrer Katze auf jeden Fall eine Gelegenheit, die Krallen zu wetzen und auch ihre Dominanz zu zeigen; wenn Sie es nicht tun, wird sie sich einen Ort suchen, wo sie es kann. Zeigen Sie ihr den Kratzbaum und unterbinden sie vom ersten Tag an jeden Versuch, anderswo die Krallen zu wetzen, mit einem scharfen «Nein»!

Es gibt ein weiteres «destruktives» Verhaltensmuster, das gelegentlich vorkommt und vor allem, aber nicht nur, bei Siamesenkatzen zu beobachten ist: das Wollekauen oder Wollesaugen. Wenn das Tier die Wolle schluckt, kann es gefährlich werden, weil es zu Magenblockaden kommen kann, und für den Besitzer kann es wegen der Tierarztrechnungen und der beschädigten Garderobe teuer werden. Mögliche Erklärungen für diese Unart sind unter anderem ein Mangel an Lanolin (ein «Nährstoff»), ein frühzeitig gestörtes Saugverhalten im Nest oder auch Streß. Manchmal verschwindet dieses unerwünschte Verhalten ohne Intervention des Besitzers; anderenfalls muß er wiederholt mit harten Worten und Kontrollmaßnahmen dagegen einschreiten.

Abschließend möchte ich betonen, daß die sogenannten Verhaltensstörungen bei Katzen nur allzu oft auf entweder nicht artgerechte oder nicht dem einzelnen Individuum entsprechende Lebensbedingungen, auf fehlendes Wissen über das natürliche Verhalten und die Bedürfnisse der Katze oder auf das Fehlverhalten, wenn nicht sogar die Verhaltensstörungen der Besitzer zurückzuführen sind. Wenn wir diese Geschöpfe einmal besser verstehen und sie nicht nur akzeptieren, sondern auch respektieren, werden wir sie fast «automatisch» richtig behandeln und halten, und die «Störungen» werden uns nicht mehr stören.

Die Zukunft

22. Wie können Sie mehr über Ihre Katze und von ihr lernen?

Wie allgemein bekannt, sind Katzen ausgesprochene Individualisten. Wenn man etwas über die Katze schlechthin erfahren will, findet man leider nur einige wenige Werke (wie z. B. unser Buch *Die domestizierte Katze*, siehe *Empfohlene Literatur*), denen man Durschnitts-, Höchst- und Tiefstwerte entnehmen kann. Aber meistens will man wissen, wo die *eigene Katze* im Verhältnis zur «Durchschnittskatze» einzuordnen ist, oder Sie möchten erfahren, weshalb Ihre Katze ein bestimmtes Verhaltensmuster zeigt und was es für sie bedeutet. Beide Arten von Fragen setzen voraus, daß Sie Ihre eigene Katze gut kennen, was wiederum bedeutet, daß Sie sie schon ziemlich genau beobachtet haben müssen. Sie können tatsächlich selber vieles über Ihr eigenes Tier und von ihm lernen, und ich möchte Ihnen nun einige Tips geben, die Ihnen dabei helfen sollen. Aber denken Sie bitte daran: Was Sie feststellen, gilt möglicherweise nur für Ihre eigene Katze und kann nicht ohne weiteres verallgemeinert werden (siehe dazu auch Kapitel 2).

Sie möchten mehr über das Verhalten Ihrer Katze im Freien erfahren

Am besten besorgen Sie sich gleich eine Karte Ihres Wohngebiets. Die meisten Gemeinde- und Stadtverwaltungen haben z. B. einen Zonen- oder Kanalisationsplan und sind bereit, einen solchen Plan gegen eine geringe Gebühr abzugeben oder zu fotokopieren. Sonst fertigen Sie selber eine Skizze Ihres Wohngebiets an, auf der zumindest alle Gebäude und Straßen als Bezugspunkte eingezeichnet sein sollten. Machen Sie sich dann einige Fotokopien davon (eine sollten Sie immer als saubere Vorlage für spätere Kopien behalten), da eine Karte überraschend schnell «ausgefüllt» sein kann. Da sich Ihre Auslaufkatze wahrscheinlich auch auf fremden Grundstücken bewegen wird, sollten Sie Ihre Nachbarn «vorwarnen», ihnen erklären, was Sie tun möchten und weshalb, und sie um die Erlaubnis bitten, gegebenenfalls

auch ihren Besitz zu betreten. Ist jemand nicht damit einverstanden, so ärgern Sie sich nicht – es bringen eben nicht alle Grundbesitzer das gerade für Katzen und Katzenbesitzer nötige Verständnis auf; es ist zudem durchaus möglich, daß Sie von einem geeigneten Standort aus die «verbotenen» Abschnitte anderer Parzellen überblicken können. Ansonsten gibt es nun einmal einen «weißen Fleck» auf ihrer Karte, und weder Sie noch der betreffende Grundeigentümer werden erfahren, was Ihre Katze wirklich auf seinem Grundstück tut. Trotzdem werden Sie höchstwahrscheinlich Ihre Neugierde befriedigen und die Sie interessierende Frage bezüglich Ihrer Katze beantworten können.

Verfolgen Sie nun Ihre Katze, wenn Sie einige freie Stunden haben – tagsüber, damit die Nachbarn nicht das Gefühl haben, Sie spionieren in ihrem Privatleben herum – , sobald sie nach der morgendlichen Fütterung zu ihrem Streifzug aufbricht. Halten Sie so weit Abstand, daß Sie Ihr Tier gerade noch sehen; drängen Sie es nicht. Manchmal braucht es ein bißchen Übung, bis Sie die richtige Distanz gefunden haben. Wenn Ihre Katze sich umsieht, so schauen Sie immer weg. Nur wenn das Tier direkt auf Sie zukommt, dürfen Sie kurz mit ihm sprechen; streicheln Sie es aber nicht, denn sonst bleibt es in Ihrer Nähe und wartet ab, was Sie als nächstes tun. *Was auch immer Ihre Katze gerade tut, intervenieren Sie nie – auch wenn es Ihnen nicht gefällt!* Mit einem feinen, wasserfesten Stift tragen Sie nun auf der Karte die von dem Tier zurückgelegte Strecke ein, wobei Sie für «besondere Vorkommnisse» wie Begegnungen mit anderen Katzen, Markierstellen, Liegeplätze usw. einen auffälligen Punkt auf der Route einzeichnen. Numerieren Sie diese Referenzpunkte, und machen Sie sich in einem mitgeführten Heftchen Notizen mit der gleichen Referenznummer. Falls Ihre Katze das «Verfolgen» nicht gestattet oder zu sehr von Ihnen gestört wird, können Sie auch gelegentliche Beobachtungen auf zwei verschiedenen Karten eintragen: Wenn Sie Ihr Tier zufällig irgendwo draußen sichten, bringen Sie einen unnumerierten Punkt an der entsprechenden Stelle der Streifgebietskarte an. Für das Registrieren zufälliger Beobachtungen von besonderen Ereignissen halten Sie eine zweite Karte und ein weiteres Notizheftchen bereit. Wenn Sie an etwa zehn Tagen mit Erfolg die erste Methode (die Fokustiermethode, siehe auch Kapitel 2) anwenden oder nach der zweiten Methode vorgehen, bis Sie etwa fünfzig zufällige Sichtungen gesammelt haben, und die Ergebnisse dann auf *einer* Karte zusammenfassen, werden Sie sehr viele Informationen über das Streifgebiet und das Verhalten Ihres Tieres besitzen. Schauen Sie sich in Ruhe die zusammengetragenen Daten an, und versuchen Sie, Ihre Fragen selbst zu beantworten: Wo geht Ihre Katze überall hin? Wie weit entfernt sie sich vom Haus? Wo begegnet sie am häufigsten anderen Artgenossen? Hat sie bevorzugte Liegeplätze, Kotplätze, Jagdplätze? Interpretieren Sie nicht zu viel, sondern nehmen Sie nur zur Kenntnis, was die Daten Ihnen sagen. Ich bin überzeugt: Sie werden staunen, wieviel Neues Sie über Ihren Gefährten lernen.

Sie möchten erfahren, weshalb Ihre Katze etwas Bestimmtes tut

Nehmen wir an, es geht um ein Verhaltensmuster Ihrer Katze, das nicht in einem Fachbuch beschrieben und erklärt ist – also ein eher «eigenartiges» Benehmen. Zunächst versuchen Sie, das fragliche Verhaltensmuster klar und eindeutig abzugrenzen. (Ein Ethologe würde es «definieren».) Was ist das wichtigste Element dieses Verhaltens, das *immer* gezeigt wird? Notieren Sie jedesmal, wenn Sie eine entsprechende Beobachtung machen, in einem Heft die näheren Umstände; beschreiben Sie zumindest stichwortartig die verschiedenen Situationen, in denen das Verhalten gezeigt wird. Diese Aufzeichnungen sind sogenannte Kurzszenen, die über die Bedeutung einer bestimmten Verhaltensweise Aufschluß geben können, wenn man sie als Gesamtbild betrachtet. Sie müssen aber hier bei der Interpretation Ihrer Beobachtungen besonders vorsichtig sein. Daß die Katze immer wieder in einer bestimmten, von Ihnen beobachteten Situation ein bestimmtes Verhalten zeigt, bedeutet nicht, daß sie es nicht auch in anderen Situationen, die Sie nicht beobachtet haben, zeigen würde. Wenn Sie einmal ziemlich sicher sind, das Verhalten zu verstehen, so denken Sie sich selbst eine Testsituation aus, mit deren Hilfe Ihre Interpretation überprüft und eine alternative Erklärung ausgeschaltet werden kann. Aber vergessen Sie nicht, daß immer noch weitere Alternativerklärungen möglich sind! Auch wir Wissenschaftler können unsere Hypothesen letztlich nur *untermauern*, nicht aber beweisen.

Auf jeden Fall ist es sehr wichtig, daß Sie die Beobachtungen, die Sie im Freien und und im Haus machen, persönlich *aufschrei-*

ben, und zwar sofort nach dem Geschehen. Sonst besteht die Gefahr, daß Sie die Informationen im Gedächtnis schon «filtrieren», Ihre späteren Beobachtungen dadurch beeinflußt werden und Sie nur das sehen, was Sie glaubten, am Anfang schon gesehen zu haben. Erst wenn Sie in Ruhe *alle* Ihre Beobachtungen *als Ganzes* betrachten, kann und soll ein ordnendes Prinzip zum Vorschein kommen – und das ist Ihr Wissensgewinn über Ihr Tier! Falls Ihre Beobachtungen zudem noch bestimmte, bislang ungeklärte Fragen betreffen, könnten sie sogar den Wissenschaftlern helfen, mehr über die Katzen im allgemeinen herauszufinden. Dazu mehr im letzten Kapitel.

23. Wie können Ihre Beobachtungen den Wissenschaftlern helfen?

Tatsächlich gibt es eine Reihe von Fragen, die wir mit Ihrer Hilfe besser oder schneller beantworten könnten, als wenn wir es alleine versuchten. Diese Fragen betreffen Ereignisse, die selten vorkommen, oder zu deren Beantwortung wir große Datenmengen benötigen. Weder Sie noch ich können etwas mit ausschließlich eigenen Aufzeichnungen anfangen; nur viele Besitzer und Beobachter, die ihre sorgfältig notierten Beobachtungen an eine zentrale Sammelstelle einsenden, können mit vereinten Kräften genügend viele Daten zusammentragen, um die Beantwortung solcher Fragen zu ermöglichen.

Da hier – meines Wissens zum ersten Mal – von einem Tierbuchautor versucht wird, auf diese Weise Daten zu sammeln, muß ich «zur Warnung» einige Bemerkungen vorausschicken:

1. Falls Sie sich dazu entschließen, mir Ihre Beobachtungen zuzusenden, müssen sie möglichst knapp und präzise abgefaßt sein (also bitte keine «Romane» schreiben, denn es ist mit vielen Hunderten von Zuschriften zu rechnen).

2. Zuoberst muß der Vermerk stehen: *«Sie sind berechtigt, die folgenden persönlichen Beobachtungen nach Gutdünken für Ihre Arbeit und für Ihre Veröffentlichungen zu benutzen; ich erhebe keinen Anspruch auf die Nennung meines Namens oder irgendeine Honorarzahlung.»* Unmittelbar nach diesem Satz müssen Ihre *Unterschrift* und, gut lesbar, Ihr Name und Ihre Adresse folgen. Diese Angaben werden streng vertraulich behandelt und nicht an Dritte weitergegeben; sie dienen lediglich als Bestätigung der Echtheit Ihrer Zuschrift und werden gegebenenfalls für Rückfragen benötigt.

3. Ich kann und werde den Empfang Ihrer Beobachtungen *nicht* mit einem Brief oder auf andere Art bestätigen, auch wenn Sie mir irgendwelche persönlichen Fragen zu Ihrer Katze stellen (siehe dazu Kapitel 2: Der ratgebende Forscher).

4. Sie müssen mir vertrauen (das tun Sie auch, wenn Sie mir Ihre Aufzeichnungen zusenden), daß ich die Beobachtungen auf die bestmögliche Art auswerte und die Antworten auf Fragen, die – hoffentlich – aufgrund der gesammelten Beobachtungen geklärt werden konnten, mit einem herzlichen Dank an die

«zahlreichen interessierten Katzenfreunde» einem möglichst großen Kreis von Katzenbesitzern bekannt machen werde.

5. Sie akzeptieren meine fachkundige und begründete Entscheidung, ob die Ergebnisse der Umfrage überhaupt eine Veröffentlichung verdienen (dies hängt vor allem auch davon ab, ob sich genügend viele Besitzer beteiligen), und, wenn ja, *wo* und *in welcher Form* das Ergebnis publiziert wird.

Falls Sie bereit sind, *unter den genannten Bedingungen* mitzumachen, dann senden Sie Ihre Beobachtungen bitte an:

> Dr. Dennis C. Turner
> Kennwort: Zusammenarbeit
> Ethologie, U.Z.I.
> Winterthurerstrasse 190
> CH-8057 Zürich
> (Schweiz)

Und nun also zu einigen Fragen und Themen, bei denen Ihre Beobachtungen uns Wissenschaftlern weiterhelfen könnten:

1. Infantizide (Tötung von Jungtieren) durch Muttertiere, Kater oder andere Katzen. Wir wissen leider sehr wenig über die näheren Umstände solcher Vorfälle und die Identität der erwachsenen Tiere, die Jungkatzen im Nest töten (und oft auffressen). Falls Sie *selbst beobachtet* haben, wie die Jungtiere Ihrer eigenen Katze getötet wurden, und den «Täter» zu kennen glauben, so teilen Sie mir bitte zuerst mit, ob es die eigene Mutter des Jungtieres war, ein Ihnen bekanntes oder unbekanntes Weibchen oder ein Ihnen bekannter oder unbekannter Kater (oder zumindest, ob es ein Ihnen bekanntes oder unbekanntes Tier war, falls Sie nichts über sein Geschlecht wissen). Schreiben Sie mir außerdem, ob und weshalb Sie bei dieser «Mordanklage» *ganz oder fast sicher* sind, oder ob und warum es sich um einen *Verdacht* handelt. Falls Sie zu wissen glauben, wer der *Vater* der getöteten Jungen war (wenn Sie also damals *mindestens eine Paarung* gesehen haben), und ein Kater die Jungen getötet hat, so schreiben Sie mir, ob der Vater oder ein anderer Kater der «Täter» war.

2. Fellfarbe, Haarlänge und Persönlichkeit bei nicht *reinrassigen Katzen.* Manchmal hört man von Katzenbesitzern, daß Tiere einer bestimmten Fellfarbe oder Haarlänge auch bestimmte Persönlichkeitseigenschaften aufweisen. Falls Sie eine nicht reinrassige Katze (also einen Mischling) zu Hause haben, tun Sie bitte folgendes: Notieren Sie auf einem Blatt (wie unten gezeigt) für jede Katze gesondert die Farbe, die Haarlänge (bitte verwenden Sie nur die Bezeichnungen *kurz, halblang* oder *lang*) und das Geschlecht des Tieres, und geben Sie an, ob es intakt oder kastriert ist. Ziehen Sie darunter vier Linien von genau 10 cm Länge, an deren linkes bzw. rechtes Ende Sie die nun folgenden Worte schreiben:

Farbe:
Haarlänge (kurz/halblang/lang):
Geschlecht (männl./weibl.): **Kastriert** (Ja/Nein):
«Diese Katze ist im Verhältnis zu anderen Katzen, die ich kenne,
äußerst   äußerst
anhänglich _____ scheu
äußerst   äußerst
aktiv _____ inaktiv

äußerst   äußerst
unfreundlich _____ freundlich
äußerst   äußerst
ruhig _____ nervös»

Setzen Sie nun für diese Katze ein «x» auf *jede* der vier Linien, an die Stelle zwischen den beiden Extremen, an der die Katze Ihrer Meinung nach einzuordnen ist. (Falls Sie mehrere Katzen haben und bewerten, müssen die obigen Informationen für jede Katze *separat* verzeichnet werden.)

3. Reinrassigkeit und Persönlichkeit. Nun kommen die Züchter und Besitzer von reinrassigen Tieren zum Zuge! Wie bereits erwähnt, werden den verschiedenen anerkannten Rassen manchmal unterschiedliche Persönlichkeitseigenschaften zugeschrieben. Diese Annahme wollen wir etwas genauer überprüfen und präzisieren. Bitte schicken Sie mir (wie oben) *für jede reinrassige Katze, die sie* persönlich *kennen*, ein gesondertes Blatt mit folgenden Informationen:

Rasse (mit Rasse-Nr., falls bekannt):
Stammbaum vorhanden (Ja/Nein):
Geschlecht: **Kastriert:**
Zeichnen sie darunter drei je *10 cm* lange Linien mit folgender Beschriftung:
«Diese Katze ist im Verhältnis zu den nicht *reinrassigen Tieren, die ich persönlich kenne,*
äußerst   äußerst
anhänglich _____ scheu
äußerst   äußerst
inaktiv _____ aktiv
äußerst   äußerst
vokal _____ ruhig»

Setzen Sie wie oben ein «x» auf *jede* der drei Linien, um *diese eine Katze* einer bestimmten Rasse möglichst genau einzuordnen. Dann beenden Sie den nachfolgenden Satz, und zwar mit *weniger als fünf* zusätzlichen Wörtern:

Das Besondere am Charakter dieser Rasse ist . . . .

4. Das «gesellige Beisammensein» der Katzen. Offenbar gibt es gelegentlich «Zusammenkünfte» von mehreren Katzen eines Gebietes an einem Ort innerhalb oder zwischen ihren jeweiligen Streifgebieten (siehe Kapitel 10). Wir würden gern mehr über die Umstände erfahren, die solche Versammlungen begleiten.

Falls Sie einmal *fünf oder mehr Katzen* zusammen, d. h. nicht weiter als *fünf Meter* voneinander entfernt sehen, und diese Tiere mindestens *fünf Minuten* lang zusammenbleiben, dann teilen Sie mir bitte die folgenden Details mit:

Datum (vor allem der Monat ist wichtig):
Uhrzeit:
Anzahl der gesichteten Katzen: mindestens ___
(Oder genau ___)
Beschreibung der näheren Umgebung (z.B. Rasenfläche, Straßenrand, Wiese, Wald):
Art der Siedlung:
    (Bitte nur eine Angabe: Großstadt, Zentrum
    Siedlungsquartier mit Wohnungen

Siedlungsquartier mit Einfamilienhäusern
In der Nähe von Bauernhofgebäuden
Auf dem Land)
Verhalten der Tiere:
(Beschreiben Sie so kurz wie möglich, *was* die Tiere entweder allein oder zusammen getan haben.)
Beobachtungsdauer:
(*Wie lange* haben Sie die Tiere beobachtet?)

5. *Das Verstecken der Jungen.* Falls Sie ein nicht kastriertes Weibchen haben und es diesem Tier überhaupt möglich ist, sein Nest richtiggehend zu verstecken (auch irgendwo in Ihrer Wohnung), dann teilen Sie mir bitte folgendes mit (zeichnen Sie wieder eine genau *10 cm* lange Linie mit der folgenden Beschriftung auf ein Blatt Papier):

«*Dieses Weibchen ist mir/uns gegenüber normalerweise*
äußerst   äußerst
anhänglich ————————————————————— scheu»

Setzen Sie auf diese Linie irgendwo zwischen den beiden Extremen ein «x» an die Stelle, wo nach Ihrer Ansicht Ihre Katze einzustufen ist. Dann beantworten Sie auf dem gleichen Blatt die folgenden Fragen:

A. Diese Katze versteckt ihre Jungen von mir/uns (oder versucht, sie zu verstecken): Immer/Ja —— Nie/Nein ——
Manchmal ——.

B. Diese Katze will, daß ich (oder ein anderes Familienmitglied) während des Gebärens anwesend bin (ist): Ja —— Nein ——
Manchmal ——.

(Es ist wichtig, daß Sie die Fragen schriftlich wiederholen, damit ich genau weiß, was Ihr Ja oder Nein bedeutet; Sie können auch gegebenenfalls die betreffenden Seiten dieses Buches kopieren.)

6. *Das Umsiedeln von Katzen.* Falls Sie umgezogen sind und Ihre *erwachsene* Katze mitgenommen oder eine neue erwachsene Katze angeschafft haben *und* diese Katze später Auslauf hatte, beantworten Sie bitte *alle* folgenden Fragen:

160

A. Wie lange hielten Sie die Katze am neuen Ort im Haus eingesperrt, bevor das Tier hinaus durfte? ___ Tage/Wochen

B. Wie weit sind die neue und die alte Heimat *der Katze* voneinander entfernt? Schätzungsweise ___ Meter/Kilometer

C. Gleich nach der erstmaligen Freilassung am neuen Ort ist dieses Tier verschwunden (ohne je wieder aufzutauchen)? Ja ___ Nein ___

D. Hat dieses Tier je den Weg zu seiner *alten* Heimat zurückgefunden?
Ja ___ Nein ___

(Auch hier bitte die Fragen schriftlich wiederholen oder auf den kopierten Buchseiten eintragen, damit ich Ihre Antwort verstehe!)

7. *Die kognitiven Fähigkeiten von Katzen.* Wie Patrick Bateson und ich schon 1988 erklärten, deuten viele Berichte und Anekdoten darauf hin, daß Katzen fähig sind, die Konsequenzen mancher ihrer Handlungen vorauszusehen. «Was wir aus solchen Geschichten machen, hängt ganz davon ab, wie schwierig es wäre, sie *ohne* Einbezug von bewußtem Vorausdenken zu erklären.» Häufig wird versucht, solche auf den ersten Blick erstaunlich erscheinende Leistungen auf erlerntes Verhalten zurückzuführen; schließlich wissen wir alle, daß Katzen nicht dumm sind! Ich suche nun Fälle und Beispiele von Handlungen, die nur durch die Einbeziehung von bewußtem Vorausdenken und nicht durch Lernen erklärbar sind! Wenn genügend präzise Beschreibungen von solchen Begebenheiten zusammenkommen, wird vielleicht ein systematisches Muster erkennbar, das auf die kognitiven Fähigkeiten unserer Hausgenossen schließen läßt. Aber bevor Sie mir Ihre Aufzeichnungen senden, fragen Sie sich bitte selber, ob es nicht möglich wäre, das fragliche Geschehen ohne das Vorhandensein bewußten Vorausdenkens zu erklären. Wenn Sie diese Frage bejahen müssen, ist Ihre Beschreibung leider nicht für diesen Zweck zu gebrauchen. Und denken Sie bitte daran: Schildern Sie die Situation so kurz wie möglich, jedoch so ausführlich, wie es für die Verständlichkeit nötig ist! (In diesem Zusammenhang ist es besonders wichtig, daß Sie Ihre Adresse für eventuelle Rückfragen nennen.)

Schlußwort

Vielleicht gelingt es uns mit Ihrer Hilfe, näher oder schneller an Antworten auf diese Fragen heranzukommen und Erklärungen für das zu finden, was wir an unseren Katzen beobachten. Natürlich sind oben nur sehr wenige Fragen aufgelistet, und Sie – wie auch ich – haben sicher noch viele offene Fragen. Aber diese Fragen (und dieses Buch) stellen hoffentlich einen Anfang dar: den Anfang der *Zusammenarbeit* zwischen den Wissenschaftlern und den Millionen von interessierten Katzenhaltern auf diesem Planeten. Doch auch wenn wir «alle» aktuellen Fragen aufzählen würden, müßte die Liste unvollständig bleiben, weil so schnell, wie die alten beantwortet werden, immer wieder neue Fragen auftauchen. Die Katze wird *nie alle* ihre Geheimnisse preisgeben, doch wir werden uns ewig, so hoffe ich, an der Gesellschaft dieses geheimnisvollen Tieres erfreuen können!

Empfohlene Literatur

Aberconway, C. 1949. *A Dictionary of Cat-Lovers: XV Century BC – XX Century AD*. Michael Joseph Press, London.

Bateson, Patrick und Dennis C. Turner. 1988. Fragen über Katzen. In: Turner, D.C. und P. Bateson (Hrsg.), *Die domestizierte Katze: Eine wissenschaftliche Betrachtung ihres Verhaltens*. Albert Müller Verlag, Rüschlikon-Zürich.

Deag, J. M., A. Manning und C. E. Lawrence. 1988. Einflüsse verschiedener Faktoren auf die Mutter/Kind-Beziehung. In: Turner, D.C. und P. Bateson (Hrsg.), *Die domestizierte Katze: Eine wissenschaftliche Betrachtung ihres Verhaltens*. Albert Müller Verlag, Rüschlikon-Zürich.

Eliot, T. S. 1972. *Old Possums Katzenbuch*. Englisch und Deutsch. Mit Zeichnungen von Edward Gorey. Suhrkamp Verlag, Frankfurt.

Fitzgerald, B.M. 1988. Die Nahrung domestizierter Katzen und Auswirkungen auf die Beutetierbestände. In: Turner, D.C. und P. Bateson (Hrsg.), *Die domestizierte Katze: Eine wissenschaftliche Betrachtung ihres Verhaltens*. Albert Müller Verlag, Rüschlikon-Zürich.

Fox, Michael W. 1976. *Verstehen Sie Ihre Katze*. Albert Müller Verlag, Rüschlikon-Zürich.

Gautschi, Gideon. 1982. *Türkische Van-Katzen*. Verlagsgesellschaft Rudolf Müller, Köln-Braunsfeld.

Guggisberg, C. A. W. 1975. *Wild Cats of the World*. Taplinger Publishing Co., New York.

Herodot. 1971. *Die Historien*. Übersetzt von A. Horneffer, herausg. von H.W. Haussig. Alfred Kröner Verlag, Stuttgart.

Information Services International (I.S.I.) 1988. *Daten über Heimtierbestände 1987*. Maidenhead, England.

Karsh, E. B. und D. C. Turner. 1988. Die Mensch/Katze-Beziehung. In: D.C. Turner und P. Bateson (Hrsg.), *Die domestizierte Katze: Eine wissenschaftliche Betrachtung ihres Verhaltens*. Albert Müller Verlag, Rüschlikon-Zürich.

Kerby, G. und D. W. Macdonald. 1988. Katzengemeinschaften und die Auswirkungen der Koloniengröße. In: Turner, D.C. und P. Bateson (Hrsg.), *Die domestizierte Katze: Eine wissenschaftliche Betrachtung ihres Verhaltens*. Albert Müller Verlag, Rüschlikon-Zürich.

Kratochvíl, J. and Z. Kratochvíl. 1976. The origin of the domesticated forms of the genus *Felis* (Mammalia). *Zoologické Listy* *25(3)*, 193–208.

Lexikon der Ägyptologie, Band I. 1975. Herausgegeben von Wolfgang Helck und Eberhard Otto. Otto Harrassowitz, Wiesbaden (für «Bastet» und «Bubastis»).

Lexikon der Ägyptologie, Band III. 1980. Herausgegeben von Wolfgang Helck und Wolfhart Westendorf. Otto Harrassowitz, Wiesbaden (für «Katze»).

Leyhausen, P. 1956 (1975). *Verhaltensstudien an Katzen.* Paul Parey Verlag, Berlin und Hamburg.

Leyhausen, Paul. 1988. Die Wilden und die Zahmen – was hat es damit auf sich? In: Turner, D.C. und P. Bateson (Hrsg.), *Die domestizierte Katze: Eine wissenschaftliche Betrachtung ihres Verhaltens.* Albert Müller Verlag, Rüschlikon-Zürich.

Liberg, O. und M. Sandell. 1988. Räumliche Organisation und Fortpflanzungsstrategien der domestizierten Katze und anderer Feliden. In: Turner, D.C. und P. Bateson (Hrsg.), *Die domestizierte Katze: Eine wissenschaftliche Betrachtung ihres Verhaltens.* Albert Müller Verlag, Rüschlikon-Zürich.

Martin, Paul und Patrick Bateson. 1986. *Measuring Behaviour: an introductory guide.* Cambridge University Press, Cambridge.

Martin, Paul und Patrick Bateson. 1988. Die Verhaltensentwicklung der Katze. In: Turner, D.C. und P. Bateson (Hrsg.), *Die domestizierte Katze: Eine wissenschaftliche Betrachtung ihres Verhaltens.* Albert Müller Verlag, Rüschlikon-Zürich.

Mendl, Michael und Robert Harcourt. 1988. Die Individualität der domestizierten Katze. In: Turner, D.C. und P. Bateson (Hrsg.), *Die domestizierte Katze: Eine wissenschaftliche Betrachtung ihres Verhaltens.* Albert Müller Verlag, Rüschlikon-Zürich.

Mertens, C. und R. Schär. 1988. Praktische Aspekte der Forschung an Katzen. In: Turner, D.C. und P. Bateson (Hrsg.), *Die domestizierte Katze: Eine wissenschaftliche Betrachtung ihres Verhaltens.* Albert Müller Verlag, Rüschlikon-Zürich.

Mertens, C. und D. C. Turner. 1988. Experimental analysis of human-cat interactions during first encounters. *Anthrozoös* *2(2)*, 83–97.

Messent, P. und S. Horsfield. 1985. Der Heimtierbestand und die

Beziehung zwischen dem Heimtier und seinem Herrn. In: I. E. M. T. (Hrsg.), *Die Mensch-Tier-Beziehung: internationales Symposium aus Anlaß des 80. Geburtstages von Nobelpreisträger Prof. DDr. Konrad Lorenz, 27.-28. 10. 1983.* Patronat: Österreichische Akademie der Wissenschaften, Wien.

Natoli, E. und E. De Vito. 1988. Das Paarungssystem wildlebender Gruppenkatzen. In: Turner, D.C. und P. Bateson (Hrsg.), *Die domestizierte Katze: Eine wissenschaftliche Betrachtung ihres Verhaltens.* Albert Müller Verlag, Rüschlikon-Zürich.

Ragni, B. and E. Randi.1986. Multivariate analysis of craniometric characters in European wild cat, Domestic cat, and African wild cat (genus Felis). *Zeitschrift für Säugetierkunde 51,* 243–251.

Serpell, James A. 1986. *In the Company of Animals: a study of human-animal relationships.* Basil Blackwell, Oxford/New York. (Eine deutschsprachige Ausgabe dieses Werkes wird im Albert Müller Verlag, Rüschlikon-Zürich, erscheinen.)

Serpell, James A. 1988. Domestikation und Entwicklungsgeschichte der Katze. In: Turner, D.C. und P. Bateson (Hrsg.), *Die domestizierte Katze: Eine wissenschaftliche Betrachtung ihres Verhaltens.* Albert Müller Verlag, Rüschlikon-Zürich.

Spangenberg, Dr. med. vet. R. 1987. *Katzenkrankheiten. Erkennung und Behandlung – Steuerung des Sexualverhaltens.* Falken Verlag, Niedernhausen.

Tabor, R. 1983. *The Wildlife of the Domestic Cat.* Arrow Books, London.

Turner, Dennis C. 1985. Die Beziehung zwischen Mensch und Katze: Methoden der Analyse. In: I.E.M.T. (Hrsg.), *Die Mensch-Tier-Beziehung: internationales Symposium aus Anlaß des 80. Geburtstages von Nobelpreisträger Prof. DDr. Konrad Lorenz.* Patronat: Österreichische Akademie der Wissenschaften, Wien.

Turner, Dennis C., J. Feaver, M. Mendl and P. Bateson. 1986. Variation in domestic cat behaviour towards humans: a paternal effect. *Animal Behaviour 34,* 1890–1892.

Turner, Dennis C. und C. Mertens. 1986. Home range size, overlap and exploitation in domestic farm cats. *Behaviour 99,* 22–45.

Turner, Dennis C. 1988. Katzenverhalten und die Beziehung Mensch-Katze. *Animalis familiaris 3(2),* 16–21.

Turner, Dennis C. und O. Meister. 1988. Das Jagdverhalten der domestizierten Katze. In: Turner, D.C. und P. Bateson (Hrsg.), *Die domestizierte Katze: Eine wissenschaftliche Betrachtung ihres Verhaltens*. Albert Müller Verlag, Rüschlikon-Zürich.

U. S. National Research Council. 1986. *Nutrient Requirements of Cats*. National Academy Press, Washington, D.C.

Wolff, R. 1984. *Katzen: Verhalten, Pflege, Rassen*. Verlag Eugen Ulmer, Stuttgart.

Wright, Michael und Sally Walters (Hrsg.). 1985. *Die Katze: Handbuch für Haltung, Zucht und Pflege*. Mosaik Verlag, München.

Register

167